JN138045

三人よれば楽しい読書

井上ひさし
松山巖
井田真木子

西田書店

三人よれば楽しい読書＊目次

二人よれば楽しい読書

*本書は、一九九五年から一九九七年にかけ、文藝春秋発行『本の話』に連載された、三人の著者による「鼎談書評」（計二十四回）を改題して刊行しました。

刊行に際し、鼎談当時の出来事を加えました。

第1回（鼎談プロローグ）――'95年7月号

いい書評わるい書評

井上　書評を読むのは好きですが、書くのは大嫌いです（笑）。なにしろ書評のスペースがなくなってしまう。そこで毎度、大絶賛大会になるのです。フランスの小学校には修辞学の授業があって、まず前半で欠点を述べ、お仕舞いは褒めて終わるのが批評のコツ、そうすれば褒められたという印象で終わるので悪感情を持たれずにすむと、教えるそうですが、日本はその逆ですね。まず褒めてそれから批評めいたことを言って終わるという定式ができている。しかし分量そのものが少ないので、褒めているうちに字数がなくなってしまうことになる。そこで割り切って、こんなに面白かったよということに専念しようと、素朴なところに立って書いています。

松山　ええ。僕もそうですね。

井上　だから、もう思い切って褒める時しか書評はしない。批判は、書評をしないということが批判だということにしました。

井田　私は書評を依頼されると、とても評する柄ではないので、「本を読んで喚起された風景なり物事なりがあったらそれについて書き、そのあと、多少の内容紹介があるというような形なら」と言うんです。それでいいとなるとお受けするんですが、でも、書評ってすごく抵抗がありますね（笑）。

松山　僕はやっぱり最初に、自分がどういう風な印象を受けたかっていうことを書きますね。いろんな理屈をこねているけど、結局、評者自身が面白かったかどうか分からないという書評が多いですよね。それは書評を読む側として、一番不安でしょう。

井上 「あの人が面白いと言ってるから読んでみよう」と読者に思っていただく。それが一番かもしれませんね。

松山 そうです。けなされている本でも、逆にこの人がけなしてるから読んでみようというのもありますね。

井上 嫌いな批評家がけなしてると、逆に、おっ良さそうだなんて思って読みたくなる（笑）。でも、今度は批評される立場に立つと、褒めてくださっているけど、ちっとも嬉しくない書評というのもあるんですよ。

松山 ハハハ。ありますね。

井田 たとえば「松山さんがこの本を面白いと書評した」という場合に、三つの要素がありますよね。松山さんという評者自身と、本そのものと、どこをいかに面白がったかということ。評者を問うというのは、読者がすでに松山さんの本を読んでいる可能性大なわけですから、「こんなことを書く人が、面白いというものはどういうものか」という興味がわきますよね。そんな風に評者の顔が見える書評もいいなと思います。

日本の書評は俳句

松山 僕が乱歩の本を書いた時に、「文藝春秋」の鼎談書評で、山崎正和さんが取り上げて下さったんです。「この著者は『かもしれない』という言葉が多い。ここはもう断定してもいいにもかかわらず、曖昧に言葉尻をごまかしてしまう。それがこの人の欠点である」という批判でしたが、これは非常にありがたかった。

井上　それこそ身になる批判ですね。

松山　最初の本ですから、自分の中で、どこか逡巡している部分があったんです。それで「なになにだ」と言いたいところを「かもしれない」と、つい書いてしまう。そういう物書きの姿勢を問われたんです。それは、短い書評じゃなかなかできない。鼎談のような形だと、できるんじゃないですか。

井田　そうですね。やっぱり、けなされるか、褒められるかということよりも、書き手のことを正確に推測してくれた時に、一番嬉しいですね。逆に、その当て推量が大外れだと、虚無感に襲われる（笑）。

井上　分かります。投げた球を評者がパチッと受け止めて、惜しいとか、外れたとか言ってくれると、すっきりしますね。

松山　そうなんです。でも、キャッチャーだったらいいけれど、アンパイアになって判定されると困るんですよ。速球や変化球を愉しみたいのに、ストライクかボールかだけを偉そうに判定するようになっちゃうのは、僕も嫌です。

井上　ある著者の重要な作品が出てきた時に、前へ遡《さかのぼ》って、その著者の知的な営みの流れの中で、その作品がどこにどう位置するのか、そのあたりまでおさえてもらえると、読者としてはとてもありがたい。でも、短いから無理かな。中村雄二郎さんが言ってました。「日本の書評は俳句だよ」って。つまりどんな大きなものも、十七文字に押し込んでしまう。その辺を突きつめると、日本の読者は書評をあまり重視してないんじゃないかという、恐ろしい問題にぶつかりますね（笑）。つまり誰かがこう言ってるから、それを手引きに買ってみようという、書評の機能が発揮されてなくて、読者の方は書評に関係なく、好きな本は買う。

松山 ええ。書評はどこか深読みしたり、裏読みしたり、テクニックを使うわけですけど、それがかえって読者の信頼を失うことになっている可能性もありますよね。

井上 日本の書評のもう一つの欠点は、最新刊にこだわるところ。

井田 ええ。そうですね。

井上 本の鮮度にこだわらず、ゆっくり批評したいですね。三カ月前でも半年前の本でも、書評していいんじゃないかな。

井田 私、約一年間、テレビで書評をやったんですが、それは字で書く書評の弱味をさらにはっきりさせたようなものでしたね。テレビというのは、十五分喋《しゃべ》るというのが、中身だけからすれば八百字位に当たる。その中で情報量として言えることは、約五分の一なんですね。ですからいくら喋っても、なにも伝わらないので、最後にはノイローゼみたいになっちゃった（笑）。ただし、そこでは、最新刊にこだわらず、六カ月以内にでた本という条件をつけさせてもらったんです。それでも短か過ぎるような気がします。最低一年間は見ておきたい。ただ、いろんな事情でなかなかそれができない。

井上 今、おっしゃったようなテレビ、ラジオでの書評は、日本ではできても、すぐ消えてしまいますね。オーストラリアのラジオの読書番組で一冊の本を二週間かけて議論しているので驚いたことがありますが。

松山 えっ、一冊の本をですか。

井上 ええ。世の中へ新しい、重要な共通文化財が登場したわけですから、考えてみれば、それは当然のことでもあるんです。

松山　長い書評という点では、僕は「文學界」という雑誌でやったことがあるんです。それは十五枚以上という条件だったんですけど、長くて二十枚位までは書いてた記憶がある。でも、二十枚書けるということは、それだけいろいろな角度から見られる本ということですから、そんな本なんて、滅多に出てこないですね。

井上　それも一つの真理かもしれませんね。

松山　一度、高田宏さんが三、四枚の書評のほとんどを引用で占めちゃったことがあったんです。つまり私としてはここを読んでほしいというところを、できるだけ引用するけれども、あとは読者が想像して買ってほしいということなんですが、読んでよく分かった。それはいい書評でした。こういうやり方は二度とできないですけど（笑）。

井田　そうですね。禁じ手ですね。

井上　二度とできない書評といえば、アメリカのグラウチョ・マルクスという喜劇役者が、「ニューヨーク・タイムズ」に書評を頼まれて、みんな期待してたら、三行くらいの書評が来た。「素晴らしい本である。私も暇があったら一度読んでみたい」。これは、売れたらしいですよ（笑）。

井田　でも、それ、アメリカの話だから、日本でこっそりやったら通るかも……。

井上　日本ではふまじめだというので絶対怒られます。それから著者と評者と読者の距離のとり方ですが、なかなか一筋縄でいかないですね。

松山　難しいですね。だから僕らも、どの位置に立つかというと、ある意味でアマチュアや野次馬であっていいと思うんですけど。それが妙に、専門家になってしまっては、読者に受け入れられない。

井上　同感ですね。

松山　たとえば僕は建築をやってましたから、建築の専門家が書いた物だとある程度分かるわけですが、一般の読者はほとんど分からない。ですからそれを、読者に引き寄せていく作業をしようと思うけれど、なかなか難しい。やっぱり本を読む快楽に忠実になり、野次馬精神的なものをどこかで保ってないと、快楽がない書評というのは、読者の方も引きつけられないでしょう。

井上 ああ、なるほど。重要な問題ですね。つまり著者へ近づいて書評するのか、読者の代表でやるのか。お二人の話を聞いていてだんだん、七割位は読者の代表かなという気がしてきました。でも、あまり読者の代表になりきってもいけない。読者になってしまえば書評をしなくてもよくなってしまう（笑）。やっぱり三割位は、書き手の代表でないといけない。その使い分けがむずかしいですね。

古本屋は自分の図書館

井上 ところで話はかわりますが、お二人は、どのように本を入手しておられますか。

松山 そうですねえ。本屋に行って、まとめて買いますよね。それから書評をやってると、ともかく本を送ってくるので、貰うんです（笑）。逆にどんどん本が増えて困るんですけれど。それで捨てちゃうのもありますね。ある種の勘が働いて、図書館にもありそうな名著は手放します。だから国会図書館などにまでいかないとないような雑書は逆にとっておきますね。

井上 すると、書棚が雑書だらけになってくる。昔、いわゆる「文学全集」というのを大事に取っていたんですが、ある時、「古本屋は、自分の図書館だと思ってればいいんだ」と悟ったんです。

いつでも古本屋で手に入るものは飾っておく必要がない。逆に「全国香具師《やし》番付」なんていう、もう二度と出そうにない変な本は残しておく。井田さんは、噂によれば、大きなワンルームで本に埋もれておいでだとか。

井田　二畳半ですよ（笑）。実は、私、本屋に入ると昔から、ものすごくおなかが痛くなって三分といられないんです、過敏性大腸症候群というやつで（笑）。でも、不思議なことに古本屋では大丈夫なんで、思い切って神保町に仕事場をもったんです。先ほどのお話のように、どうも、古本屋の本棚は、自分の本棚だと思えるので。

井上　なるほど。やはり古本屋さんを図書館代わりにしてる。

井田　でも、変ですよね。本好きと言いながらおなかが痛いんですから。どうしても普通の本屋さんに行く時は、まず、自分が欲しい本を全部メモしていって、すごい形相で店にとびこんで買うんです。それで、おなかが痛くなる前に帰って来る。

井上　なんか決死隊の出撃みたいだ（笑）。

愛すべき本屋のプロ

井田　私、うまい具合にブック・コレクターの知人が近くにいてくれた時期があったんです。ただ、コレクターのタイプの人って、本読まないんですよね。

松山　読むと汚れるからね（笑）。

井田　本好きって、ブック・リーダーとブック・コレクターのタイプに分かれるでしょ。ブック・コレクターの人は、本を探すのはすごくうまいけれど読まない。私が読むと怒るんです。でも、怒られようがなんだろうが読んでいた。できれば、また神保町に戻りたいですね。前のところは水道管が破裂して、いられなくなったんです。関東大震災の三年後に造られた、築六十年という恐ろしいビルだったんですが。

井上　たまった本はどうしてるんですか。

井田　神保町の時は古本屋に戻して。今は困っちゃって、遂にこのあいだ段ボールで五十箱位、嫌がる実家に送りました。

松山　五十箱っていうのはすごいな。井上さんの方はどうされてるんですか。

井上　うまい回路ができたんです。以前、石川淳さんのエッセイを読んでたら、「本は一度は市塵の中に返すべきである。するとまた別の本好きが集めて蔵書にする。その繰り返しが本の運命である」と書いてあって、非常に感動した。それで、たまたま田舎の若い人たちに、本を全部あげると言ってしまったんです。その晩に「しまったッ」とは思ったんですけど（笑）。でも、町長さんがその話に機敏に反応して、場所を貸すとおっしゃってくれた。それで、全部持っていってもらいました。手元に百冊程、辞書などを残して、全部で十三万冊。

松山　すごいなあ。

井上　以前、夜中にバーンと音がしたら、床が抜けていた（笑）。それぐらい本をためこんでいたわけです。でも、本がなくなってから、精神的に参りました。物を書いてて、とっさに、あの本のどの辺を見ればこれが確かめられると思って無意識のうちに机の前で立ち上がっている。しかしその本はない。そう気がついてガックリする。半年間ぐらいはそんなことをやっていた。つくづく、本というのは自分の脳細胞の延長だなと思いました。ただ、向こうにはその本で図書館ができたんです。だから、今は、本を全部そこへ送ってしまう。するとあちらで、きちっと分類してくれる。

たとえば、今度黙阿弥の芝居を書くから、関係する本を全部送ってくれっていうと、ドンと送ってくれるわけです。

松山　晩年の頃の森銑三さんのうちには、辞書ぐらいしかなかったらしいんですね。なんで本がないんですかって言ったら、図書館にあるって。あれだけの人が辞書しかない。それを読んだとき感動しましたね。

井上　本の達人ですね。

松山　この頃は新刊本の本屋さんのプロがなかなかいないでしょ。こちらの探してる本を出してこれない。昔いたような、職人肌の人がいなくなりましたね。

井上　意地を張る人もいましたね。「こういう本ありませんか」と言うと、ちょうどその人の後ろにあって、彼も気が付いているのに、その前に立ちはだかって「ありません」なんて言っている(笑)。

井田　どういう心理なんでしょう(笑)。でも、プロの人って、たいてい、意地がよくないですよね。不思議なことに。

松山　そうそう。頼んでもいないのに注釈つけて、書評までしちゃう。

井田　「あんたに買われてその本も迷惑だよ」というような態度で。でもそういう人ほど本をよく知ってる。

井上　ずいぶん前ですけど、古本屋で本を探していたら、そこのおじさんがジーッと見てるんです。で、僕がある本を買ったらポンと膝を打って「偉いッ」なんて怒鳴る(笑)。「これを読むなんて、あんた、将来芽が出るよ」とか言うんです。愛すべき変な本屋さんが結構いますよね。

鼎談前年（1994年）の主な出来事

1月・ロサンゼルス大地震発生（17日。61人死亡、負傷者9千人以上）。

4月・細川護煕首相辞任（8日）。

・NATO軍がボスニア紛争でセルビアを空爆（10日）。

・中華航空機が名古屋空港で墜落事故（26日。264人死亡）。

・羽田孜内閣発足（28日）。

5月・ネルソン・マンデラ、南アフリカ共和国で初の黒人大統領となる（10日）。

6月・村山富市内閣発足（30日）。

五十年かけて失ったもの

丸谷才一

『木星とシャーベット』

マガジンハウス／1600円

井上　この日本にも優れた書評家がたくさんいらっしゃる。そしてその中にこの人が褒めていたら絶対読もうという書評家が二、三人おられて、さらにその中でこの人の書評はいつも追っかけていようと思う方が僕には一人おられて、それが丸谷才一さんなんです。

『木星とシャーベット』は、書評と推薦文そして論争文から成り立っています。中に「批評の現場」という文があり、そこに丸谷さんは、オスカー・ワイルドについて「視野が広く、判断が的確で、趣味がよく、文体がしやれてゐる。ここには書評の名手がゐて、われわれを読書の喜びへと誘ふ」とお書きになっていますが、これはそのまま僕が丸谷さんにいつも感じていることなんです。つまり丸谷さんの書評は、書評でありながら一個の独立したエッセーとしても読める。そういう方は、日本に数えるほどしかいない。この鼎談書評をやるにあたって、丸谷さんを拳々服膺《けんけんふくよう》しよう（笑）と思い、読んでいただいたわけです。

松山　ハハッ、心して（笑）。

本の中に「そしてこの本の著者は文学がよくわかる学者だから、すぐれた感受性と想像力のおかげで、遠い昔の異国の詩人たちと友達のやうにつきあふことができるらしい」という一節があります。まさに丸谷さんに当てはまりますね。著者と対話する妙ですね。だからどんな古典であろうが、作品と友達付き合いしながら、その友達のよさをうまく引き出してくれる。友達付き合いだから、話がどんどん飛びますけれど（笑）、基本的には著者と対話している。

井田　その姿勢は一貫しておられますね。

松山　ええ、風通しがいいですね。

井上　丸谷さんの頭の中には、人類がこれまで作ってきた物語の類型がきちんと整理されていて、たぶん小説の歴史も全部おわかりなんだと思います。たとえば、現代では、短篇の時代は終わったと言われてる。でも、そう言われているにもかかわらず、これは素晴らしい短篇だというような評価が丸谷さんにはおできになる。世界と日本の文学史をぴたりと押さえている。ですからこの一冊の中のどれを読んでも、とても勉強になりますね。

松山　あまりの幅広さにこちらは啞然としますが（笑）。

井田　「正統的な散文」の中で、日本には散文の伝統が確立していないと言われている部分は、文学畑の門外漢の私にとっても非常に面白い指摘でした。なぜかというと、雑誌の記事の世界でも、漢文的様式美は竹中労さんがお作りになったと思いますが、一九八〇年くらいに、その様式美以外の散文記事を作ろうとする時点で、混乱がおこったのではないかと思うんです。漢文様式によらない散文で事実を書くにはどうすればいいのかというのが、実のところ、この十五年来、私の問題意識だったんですよね。ですから、丸谷さんは「正統的な散文」というものをどうお考えになっているのか、もっと知りたかったと思いました。

井上　たとえば新聞や週刊誌の文章があります。その時代に、世の中で一生懸命働いている人たちが読む文章、これを侮るなという気持ちが丸谷さんや司馬遼太郎さんの年代にあると思います。それらは、日本の代表的な事実報告文である。それを常に頭のどこかに置いておき、さらにうんと練度を高めて、わかりやすいけれど、しかし途轍もなく明晰な文章をつくり、その中に、ふんだんに冗談ぽい哲学や社会観察やエピソードやすばらしい言い回しを入れる。しかも悲しいとか美しいとかいうことは直《じか》には書かない。それは文章全体から読者に感じてもらう。これが丸谷さんや司馬さんの年代の文章家の考えていらっしゃることじゃないでしょうか。もっともこれは僕が勝手に考えてることで、ご本人には「違うよ」と言われそうですけれど。

松山　読者に感じてもらう。そこが難しい（笑）。エッセーの書き方のひとつとして、古今東西を問わず、いろいろな先人たちの文章を引用し、それらの意見を対比、対話させていくという方法があると思うんです。その中で読者は、様々な時代の、いろいろな視野の先人と遊ぶことができる。もちろん作者の方も遊ぶわけですが、そういうエッセーを書ける人は、今や少ないですね。

たとえば丸谷さんのお師匠さんにあたると言っていいのかな、石川淳は、古今東西なんだかわからんようなものを引用しながら、読者に精神の運動をさせる面白さがありました。その自在の空想のエネルギーが、丸谷さんの場合、もっと抑制されていますが——それは、石川淳みたいな雑駁な江戸っ子じゃないからでしょうけど（笑）——そういう遊びの精神は脈打っていますよね。それが妙にはしゃがないで、やはりユーモアになっているという感じがします。

井上　そうですね。石川淳は「エッセーというのは一種の読書録である」と言っておられる。つまり、そこまでの文化遺産をすべてせき止めて、そして、そこからエッセンスを抽出する。それがエッセーの本道でしょうね。

松山　僕は建築やってましたので、たとえば別荘を作る時に、まずその敷地を見るわけですが、こっちに湖が見えたり山が見えたり、木が一本あれば、この木は春になると花が咲くだろうと想像する。それを大事にしながら、階段を降りた時に湖が見えればとか、暖炉があればとか考えるわけです。とても楽しい作業なんですが、書評の中で、丸谷さんはそういう作業をなさっている気がします。正統的な意味で、きれいな景色、いい匂い、おいしいものというような、楽しい部分を贅沢に追っかけていらっしゃると思いますね。

あまりにその幅が広いんで、焼き鳥で一杯のクチの、貧しい僕らではなかなかむずかしい（笑）。

でも、こういう方がいらっしゃらないと、広い意味で日本の文学はやせ細ってしまうと思います。

井上　まったく同感です。それに、丸谷さんは、読者への渡し方がうまい。最後にパッと読者へ渡してしまう。やはり名書評家として随一無二の存在でしょうね。

井田　そうですね。たとえば普通の五ページを読む時間の中に、その何乗分もの、いわば有史以来の時間が流れて、せき止められたところでパッと読者に渡す。時折、私のようなものは、そういう時間の流れの堰《せき》を目の前にすると、頭を抱えちゃう（笑）。長篇と短篇の系譜など、文学の講義をしていただきたい感じですね。

井上　丸谷さんは、小説ではもちろんのこと、書評でも永遠を一瞬にしてしまう技があります。

井田　そうですね。では、その永遠なるものはなんでしょう。

井上　人間は絶えず物語を愛してきたということ、そのことではないでしょうか。

松山　最後の「国語入試問題大批判」というのも面白かった。河合塾が丸谷さんの文章を引用して模擬試験の問題を作ったんですが、解答例がひどいですよね。

井上　日本の大学の出題のひどさは恐るべきものですね。

松山　今だにこうなんだな。井上さんもよく大学入試問題に出てるでしょう。

井上　ええ。書いた当人は絶対解けませんよ（笑）。

松山　まったくそうです。僕も三回ぐらい、中途半端なところを引用されていて有難いような迷惑なような。あの問題の場合、丸谷さんの文を、意図とは明らかに曲解して問題を作っていますね。その上、塾側は、丸谷さんが言葉の普遍性は辞書的定義にあると考えているという解答例を作る。彼らの方が、あたかも辞書という権威を俺たちは認めないという言い方をする。でも、実は権威に寄り添っているのは彼らの側だというのが、解答例をみれば一目瞭然です。丸谷さんが一番癪《しゃく》にさわっているのは、彼らの物事を相対化できないところです。そういうものに対しては、一貫して異議を唱えている。その姿勢も感じられる本でした。

影山光洋
『芋《いも》っ子ヨッチャンの一生』
新潮社／1700円

松山 次は影山光洋さんの『芋《いも》っ子ヨッチャンの一生』です。影山さんは朝日新聞社のカメラマンだった方ですが、言ってみれば、これは影山さんの家族アルバムなんです。終戦の翌年に生まれて五歳で短い生涯をとじた賀彦《よしひこ》さんという三男の方を中心に、その思い出を自分で全四十ページ、黒い台紙にびっしりと写真を貼って、説明をつけたという、非常にプライベートなアルバムです。以前から写真集にという話もあったんですが、影山さんの奥様が見るにしのびないというので、ずっと出されなかった。それがお二人とも亡くなられて、改めて写真集として発表されたんです。実は、僕が生まれたのが昭和二十年の七月で、賀彦さんは二月の早生まれなので、学校では同期になるわけです。片方はのうのうと戦後五十年生き延び、こちらは五歳で亡くなられた……。本当にいろんな感慨が湧きました。

井上 僕らの記憶の中にはいくつかの忘れられない写真、それも全国民的な写真があるんです。八月十五日の皇居前の写真。影山さんはあれを撮った方なんです。そのほかにも、二・二六事件のときの「勅命下る軍旗に手向かうな」という垂れ幕を下げたアドバルーンの写真や、日比谷公園の通りを戦車で行進する米軍のパレードの写真など、昭和の名場面を撮影した名報道写真家ですが、その影山さんにいつの頃からか、門外不出の名作があるという噂がたっていたんですね。それがこの写真集なんです。

この写真集の中にあるのは、ほんとにみんな知ってる光景です。まず畳の汚さ（笑）。それが時間が経つとともに、きれいになってくる。そういう戦後の日本人のひどい出発から、五年ほどのうちに畳がよくなっていくその立ち直りのすごさ。そういったことが実によくわかる。それから、私たちがなくした景色、松林、麦畑、孫を背負うおばあさん……。そういう失ったものの記録、あるいは置いてきたものの記憶がこの薄さの中に巨万《ごまん》と閉じ込められている。この時代をご存じない井田さんは、どんなふうにごらんになりましたか。

井田　実は私も懐かしいという感想なんです。以前、橋本治さんが『消えた言葉』という本で、「ちゃぶ台」や「どぶ」など、今は使わなくなってしまった言葉が、どのくらいまで共通言語としてあったかというのを調べる目的で、アンソロジーを編まれたことがあるんです。十人の書き手のうち、最年長が渡辺武信さん、最年少が私で昭和三十一年生まれ。三十一年は、すでに戦後ではないと言われた時代ですが、どうもそこまで戦後は続いていたらしく言葉が共有できる。

だからこの写真集は私の原体験でもあるんです。例えば縁側に家族が並んでいる写真。それから子どもの表情。それがなにか痛ましい。事物よりもこの子どもの表情が、失われていったものの象徴だった気がします。

井上　そうですね。当時の人の顔はすごい。長男は実に長男らしい顔しています。それと、影山さんはここでは、ずっと家族の写真を撮りつづけていらっしゃるわけですが、やっぱり、僕は、常に親がいる家庭の力強さ、懐の深さを感じましたが。

井田　それから、ものすごく奥さんがきれいでしょう。というか、自分の妻が最も美しく見える瞬間をとらえておられる。奥さんが写真集を出したくなかったのは、その哀惜もあったような気がしますね。勝手な想像ですが。夫と妻との紐帯が、あまりにも鋭く心に刺さってきて、他人の目にさらしたくないと思われたんじゃないですか。

井上　それで今まで発表されなかったんでしょうね。

松山　この写真を見て思うんですけど、ものがみんな生きてる。ものは少なかったけど、一つひとつを大事にしていて、今より豊かな感じがします。弘文堂の『写真でみる日本生活図引』という写真集、僕、好きなんですけれど、一枚のスナップがあると、その中に写っているもの全部に番号がふられ、それぞれウサギとか電球とか説明も書いてあるんです（笑）。写真は写真家が意図して撮った場合にはディテールが消えていったりするんですが、この写真集は部分的なところ一つひとつが、パーッと僕らの記憶に蘇りますね。

井田　私の場合、この風景を見て感じるのは、遠い影というような静かな気分なんですが、井上さんや松山さんにとっては、どんな感じですか。

井上　最初に胸にこみあげてきたのは、ここから出発したんだからここへ戻ればいいんだという勇気のようなものでした。世の中ずいぶん変わって、生活も便利になり、食べ物もふんだんにある。それが当然のことで、そういうものを棄てられないというような錯覚をおこしているけれど、そんなことはない。そんなに困ったら、もう一度ここへ戻ればいいじゃないかという、励ましを受けましたね。

松山　ともかく僕はもう「ああこれは俺だー」という感じ（笑）。だめですよ、考える前に、ここにいたという思いが先に立つ。

井田　先程の丸谷さんの本で、「肖像画は人が死ぬということを前提として作られるからこそ胸を打つのである」とありましたが、いつか自分も、愛する者も、自分の知らない人も知っている人もすべて死にゆくんだと思った時に、初めてある種のいとおしさが出てくるわけですよね。

　なぜこの本が胸を打つのかというと、これが今一瞬のもので、失われていくものだということを、影山さんが写真をお撮りになる中で、無意識のうちに知っていたからだと思うんです。だから「記録写真の鬼」だったし、「幻の写真集」と言われたんでしょう。

松山　やはり写真の原点は記録ですね。もう僕らは過去のものを忘れてることすら忘れているというひどい状態ですが、それを目覚めさせてくれる。悲しい本だけれど後味がいいのは、この〝目覚めていくこと〟が嬉しさと結びついていくからでしょう。太陽が明るかったとか、ニワトリがいてウサギがいて、それと遊んだなあとか。写真の本質として、なにか作品を作るという意図ではなく、確かにこれはあったという存在証明としての意味。それがふっと向こうから襲ってくるような感じがしましたね。

井上　こっちの時間が蘇り、それもとてもみずみずしい時間に変わると。

井田　愛児が死んで悲しいというその感情の押しつけを全然感じさせないですね。むしろ何やら昇華されていくものがあります。

井上　最後は、子供がお棺の中に入っている写真ですね。ここまでお撮りになったのは、やはり残すということが影山さんの愛情だったからだと思います。つまり死者を生かすのは生者です。戦争で亡くなった人が日本人だけで三百万あるいは四百万と、統計的に数字を言いますが、それはとんでもなく傲慢なことだという気がこの写真集を見てしまいました。一人ひとりにこういう生活があったんだ、たった五歳で亡くなった子にもこんなにいろんなことがあったんだと思うと、胸が一杯になります。写真を見ることで五歳の子がよみがえってきて、そして生きている者も失われた時間をもう一度取り戻す。死者と生者がたがいに生かし合うふしぎな豊かさを感じる本です。

合田　彩

『逃（TAO）』

文藝春秋／1900円

井田　著者は、中国を旅行中、画家の曹勇氏に出会い、彼が北京で開いた個展がきっかけで、二人は官憲に追われることになり中国脱出を試みます。これは、彼女にとって、放浪であり修行なわけです、ちょっと危ない言い方ですけど（笑）。放浪し、清潔であるとか、安らかであるとかいう現代日本の価値観を捨てることによって、人格が鍛えられる。そして修行の到達点は夫となった天才芸術家を支援することだと、彼女は考える。というより、もっと簡単に言うと、奥さんがメチャメチャに愛している旦那さんのことを記録なさった本ですね。

松山　そう（笑）。作者はこんなに亭主に惚れていいんだろうかと思いました。

井上　これは、戦後のおばさんたちに通じるエネルギーです（笑）。それと、この肝っ玉お姉さんの目をとおして、彼らが逃亡する八カ月間で我々も多少中国という国がわかってくる面白さがありますね。ただ、なぜ合田さんが曹勇氏をこんなに急に好きになってしまったのか、その過程が書かれていないのが残念です。まさか、送られてきた裸の写真一枚が決め手となったわけではないでしょうし（笑）。

松山　そうですね。最初は曹勇さんの方がものすごい人だなと思っていたら、好きになった後は、だんだん彼女の方がすごくなる。

井上　女性の素晴らしさというか、悪女の深情けというか（笑）……失礼、それは凄いものがある。このパワーが作品を読ませる力にもなっているんですね。

井田　私も彼女のパワーには感激しました。私の場合、彼女が持ってる価値観の全く反対で、なるべく他人と穏当な距離を置きたい。親切でありたいけど、愛情は怖いものだから持たれたくないし持ちたくない。冒険もしたくない。放浪よりも定点観測をしていたい。

今まで自分のそういう考え方にいくらか肯定的だったんですが、三十八くらいになって、どうも違う、単にこれは何かの価値観が作られたんじゃなくて、価値観の色がかすれ、薄くなっただけだったんだな、しまった、あんなに根拠なき反発を放浪が大好きな先行世代に対してしなきゃよかったと（笑）。学ぶべきことは学んでおけばよかったと思っているところだったので、逆に好意を持って読みました。

松山　逃亡する際に出てくるトラックの運転手さんなど、非常に魅力的な人物ですよね。気弱だけどしたたかな、ほんとの庶民像。そういう人たちが、もっと出てくるといいのにというのが不満なところです。

井田　しかも、その人じゃないとその廃品同然のトラックが動かない（笑）。私やっぱりノンフィクション書きだから、この運転手さん書いてみたいなって思いました。

井上　曹勇さんの外は目に入らないんですよ、少なくとも今は（笑）。

井田　これは、曹勇さんの話にするのか、曹勇さんとの愛情体験記として書くか、または、天安門前後の中国人を描くのか、さまざまな選択肢があり得たわけですよね。

井上　たしかに語り手の合田さんの視点が決まってないところがある。冒険小説という面もないではない。最後の方で証明書を取りにラサへ曹勇さんが行き、合田さんは残りますが、あのあたりを丁寧に書くといい。

あと、中国から抜け出すということが〝逃げる〟ことなら、逃げ出した中国以外の世界を著者がどう捉えるかも書いてほしかった。逃げ出して話が終わるというのはどうも腑に落ちないところがある。日本にだってアメリカにだって問題はあるんだし。

松山　そうですね。日本だって、閉塞した状況でしょう。「今までずっと、本当に〝恨み〟や〝怒り〟を感じたことはなかったような気がする。中国では、それがどんなものなのかがはっきりとわかった」という文章を読むと、日本は彼女にとって、本当の恨みや怒りも、そのかわり本当の喜びも感じられない場所だったのは少しわかりますが、中国へ逃げ出した彼女の心情がもっと出てくると、話に深みがでたと思いますね。

7月
・金日成北朝鮮人民共和国主席死亡（8日）。
・三内丸山遺跡で大量の遺物出土（16日）。
・村山富市社会党委員長「自衛隊は合憲」との認識を示す（25日）。
9月
・関西国際空港開港（4日）。
10月
・イチロー（オリックス）、200本安打達成（20日。最終安打数は210本）。
・大江健三郎、ノーベル文学賞受賞（13日）。
12月
・三陸はるか沖地震発生（28日。マグニチュード7・5）。

「情けない男たち」の物語

パトリック・バルビエ／野村正人訳
『カストラートの歴史』
筑摩書房／2900円

井田　最初にパトリック・バルビエの『カストラートの歴史』です。このカストラート・ブームは、十七、八世紀が主流、そして近年では八九年頃からフランスでブームが再燃し、それに便乗したわけではないでしょうが、先日、『カストラート』（原題『ファリネッリ』）という映画まで封切られました。日本では今、カストラート関連の本が二冊出てまして、この本と、もう一冊がアンガス・ヘリオットの『カストラートの世界』（国書刊行会）です。『カストラートの世界』の方は刊行年が一九五六年と古く、また『オペラにおけるカストラート』というのが原題で、もっぱら音楽史の中でのカストラートの存在が主題です。それに比べると、バルビエの方は、音楽史をきっかけに社会学としてカストラートをとらえる側面があり、前者よりスパンが広い。それで、こちらを選びました。

松山　最初は去勢手術のことが克明に書かれていて、随分痛い本だなと思い、読むのが嫌になってしまったんですけれど（笑）、気がつくと、のめり込んでいましたね。

井上　男性必読の書です。これを最後まで反感を持って読んだ男性は、これからの時代を男として生きていくのが辛くなる（笑）。

この本を読んで、とても懐かしかった。カストラートを志す貧しい少年たちはイタリアにある四つの音楽院のどれかに入るわけですが、その音楽院は僕らが入ったカトリックの養護施設によく似てるんです。聖歌隊があって、僕なんかだめでしたけれど、声のいい子っていうのは、みんな美少年なんですね。女学生の人気の的でしてね。ここに出てくる「ヴェニ・クレアトール・スピリトゥス」という聖歌なども、僕らも同じようにさんざんうたわせられました。

井田　残念なことをいうと、歌によって役に立つ子とそうでない子をわけるんですね。

井上　そうなんです。「ヴェニクレアトールスピリトゥース　ラララー」ってだんだん音程が高くなって、その辺で僕なんか声が出なくなるから「はい、次の子」（笑）。

カトリックの孤児院というのは、もともと音楽で身を立てさせるための施設なわけですよ。フランスのコンセルバトワールも、初期は孤児院で、孤児に職業を与えるため、音楽をやらせた。そういう意味で、カストラートという存在はイタリアだけの特殊なものだけれど、その下にある教育の方法などは全カトリック社会に共通のものですね。

井田　この本を読むと、カストラートとはヨーロッパの近世から近代への移り変わりの狭間にあった存在だということがよく分かります。たとえば、ファリネッリという一番代表的なカストラートの墓は、ナポレオン軍が破壊し尽くしてしまうんですが、それは、ヨーロッパの近代というもの、つまり理性を旗印とした時代が、カストラートという反合理、反人権、反近代的存在をけちらしたという象徴なのでしょうね。

井上　つまり近代思想の二元論の本家本元であるフランスに消されてしまった。その辺、ヨーロッパの近代の事情がカストラートの盛衰によってちゃんと炙《あぶ》り出されている面白さがあります。

松山　そうですね。バロックについて書かれた本は、音楽、美術、建築が多いんですけれど、カストラートだけにしぼり込んだというのがとても面白いですね。バロックの時代は、過剰に過剰を重ねる時代ですが、その過剰の中に祝祭性、聖なるものが俗に変わる面白さが次第に見えてきますね。それがフランスの啓蒙主義の時代になって消されていくというのも、よく分かりました。

井上　ですから、今カストラートが流行っているということは、近代科学でどこまでも世の中が処理できるという、二百年続いた考え方が破綻をきたしつつあるからでしょう。オウム事件に象徴的に表われているように、宗教と科学は対極にあるものだと思っていた時代から、それらが混在化する時代になったわけです。こういうものが読まれているのも時代の変り目なんでしょう。

井田　少し話は変わりますが、モラリズムの転倒が、今、エイズを契機に世界的に起こっているような気がします。エイズはある意味で人間の自然破壊から生じた病気だと思いますが、それに更なる合理的モラルで対抗しても、すべては敗れ去る。つまり、合理的モラル対カオス的反モラルという二項対立の体質が崩れてきた時点で、合理主義の生みの母だったフランスにおいて、カストラート・ブームが再燃したというのも、すごく面白いと思うんです。

あと、これはちょっと冗談として聞いていただきたいんですが、なぜプロレスがイタリアのような享楽的なところで、流行らないかという理由が分かりました。

松山　なぜですか。

井田　プロレスがなくても、イタリアの文化自体がプロレスそのものだから（笑）。

井上　それに、去勢に関係なく、人が一度スターになってしまうと、どれだけバカなことをするかがおもしろいですね。自分は偉大なカストラートなのだから、舞台に登場する際には、物語がどうであれ、とにかく馬で登場したいと主張する（笑）。

井田　あのあたりは、面白いですね。とにかく舞台にでるときには、二メートルくらい編み上げた頭髪に花をつけるとか……。

井上　ほとんど杉良太郎の世界です（笑）。

松山　ハハハ。異形の世界、いや絢爛たる感じで（笑）。でも、去勢までして人工的に声を作りあげようなどという発想は、さすがに日本ではないですよね。

井田　私もそれは西洋的だと思いました。さすが心身二元論の文化だといったらよいのか。「天使の声」に近づけるために、なにしろ、七歳以上の子供に外科的手術を加え、人工的に第三の性を作ってしまうんでしょ。東洋の文化なら、手術より、歌舞伎のような化身にいくんじゃないのかなあ。

井上 違うと同時に、共通するところもあると思いますよ。たとえば歌舞伎の女形は、女性の観察者である男性が、女優では表現できない、男にとっての女性の魅力をさらに拡大して増幅する。やはり二項対立的ではないものを目指している。女性の手は冷たいから、女形は氷で手を冷やしておくなどというのも、ずいぶん人工的です。こういう流れは、日本の文化、アジアの文化の中にもある。これは突然変異的なことではないですね。

松山 去勢まではともかく、カストラート的世界は、人間が文化として持たざるを得ないものですよね。ただ、僕が西と東の違いと思ったのは、「天使のような声」という発想です。ヨーロッパの天使は軽さを意味するでしょう。天国など、上の方へ舞い上がっていくイメージですね。一方、アジア全般にも言えますが、日本舞踏などでも、腰を下ろす。民謡も義太夫も小唄も、低音を響かせ、地を這うような感じですね。天国も日本人は西方をイメージしますし……。

井上 人間というのは飽くなき表現意欲を持っており、体にメスを入れてまでも、その可能性に挑戦していく不思議な動物だということが実によくわかりました。

いましろたかし

『トコトコ節』

イースト・プレス／880円

井田 というところで、地を這うような『トコトコ節』に移ります（笑）。

井上 今回、実はテーマが一本通ってるんですね。「情けない男たち」（笑）。

井田　見抜かれてしまいましたか（笑）。えーと、〝情けなさ〟は栄光にも近づき、かつ地上にも這うと。たはは。

いましろたかしさんは『ハーツ&マインズ』という三部作で突如としてデビューしたんです。この三部作は、一言でいえば、情けない人々のドラマなんですが、実は私は毎日愛読していました。特にマンガマニアではないんですが、この本を毎日、繰り返し読み、ついにはオンオン泣いちゃった。とくに悲しい話でもないのにね（笑）。

松山　僕なんか、似たようなことをしてるから、これ読んで身に沁みたなあ（笑）。

井田　そこなんです。つまり、なぜそこまで愛したのかというと、これは私の話だったからなんです。自己憐憫ではなく、私と同類の人に対するいとおしさや情けなさといった微妙な感情が、結局、私を何度も読ませて泣かせたということだったんです。

井上　一番笑ったのは、奥付断わり書き。「本書の一部または全部を複製、転載」までは分かるんですけれど、「上演、放送等される場合」がおかしい。この作品は「上演、放送」できっこない（笑）。この部分、実に象徴的なんですよ。つまり、これは小説にもできないし、映像にもならない、微妙な線をいっているわけですから。これをマンガと言っていいんでしょうねえ。

松山　マンガなんでしょうけれど、たとえばつげ義春さんも、世の中に入りきれない人たちを描いていますが、この方の場合、もっとすっ飛んでますね。

井上　そうそう、キレてます（笑）。

松山　大学の時に読んだ『天才バカボン』のように、見開きに、バカボンの丸いホッペの印とバカボンのパパの鼻だけあり、セリフは「パパ」と

「なんだい」しか出てこないという赤塚不二夫さんのキレ方ともまた違うんですね。いましろさんは筋をわざと作ろうとしない。日常に何も変化がない。それをそのまま描いてる。傑作かどうか分からないけれど、僕にはかなり響いてくるものがありました。

井上　ストーリーをどれだけ排除していけるかという実験をしているんだと思うんです。彼のマンガの中にストーリーは現れず、突発事故が起こるんですね（笑）。

井田　その通りですね。ただそれをちょっと意識的にやり過ぎちゃったのが「ああサマータイム」。シュールな話なんですが。

井上　これは珍しく突発事故によってストーリーが出てきてしまいましたね。

松山　つまり、文字で書ける可能性が出てきてしまったんですね。

井田　ええ。彼の作品は、せっかく文字だけでも絵だけでも書けない強みを持っているのに、単に文字で書けるようなものにしてほしくないという気持ちがありますね。

松山　この方はやはり、寡作にならざるを得ないんですよ。たぶん有名になるのも、こうやって紹介されるのも好きじゃないと思う（笑）。彼にはアイディアというか、妄想は（笑）、いっぱいあるんだけど、それで漫画作っちゃうと無理にドラマタイズされるから、ものすごく嫌なんでしょうね。自分とどこか違和感があるから。

井上　それに、よくここまで、日本の田舎のつまらなさというものを捉えてますね。今の田舎は、ちょっと積極的に生きようとする人に、何も与えてくれない。実は東京も似たりよったりなんですが、そういう田舎で人間が生きていくというのは本当に辛い。その感じがよく出てる。

それと、人間は全人生を通して、一生懸命働いたり、ものを書いたり読んだり、いろいろ活動する。それは賑やかで充実していそうに見えても、すべて取るに足らないことだったんじゃないかと思わせる（笑）、恐ろしい感じがこの作品の中にはあります。

松山 そう、怖いですよね。このマンガの背景は、いつも絶対青空なんです。ジリジリ焼くような暑さで、ふっと気がつくと、そこへ大きな事故があったりする。友達のカレー屋さんが壊されたとか（笑）。

井上 明るいんだけど荒涼とした感じ。人間は、それじゃやりきれないので、その上にいろいろ作ってきましたが、それが一挙に取っ払われた感じなんですよ（笑）。

井田 それに、妙に閉塞した日本の地方というもののシュールさもよく出てますよね。実際に旅すると、一本道の傍らに、いきなり馬に乗ったナポレオン像が出現する。そして、それはパチンコ屋だったり（笑）。

松山 最近もっとシュールになってますよ。地方へ行くと、本当にこういう感じですよね。若い子は、生きていくの辛いから、しょうがなく東京へ出てくるけど、そこでもはじき飛ばされてしまう。スラップスティックに、ボーンと破裂したいという妄想はあるけど、破裂したと思うと、やっぱり何もなかった、帯のコピー、うまいですよね。「ジンセイの不発弾」って（笑）。

井上 人生の大事なものがずっと来ないという、この感じ（笑）。

井田 いつまで待っても明日が来ない（笑）。薄暗いまま明けもせず暮れもせず、でも自分の外側ではどんどん夜が明けたり暮れたりしているらしい。でも、どうして自分が乗り遅れてしまったのか、あるいは最初から外れていたのか分からない。私はやっぱりこれは傑作だと思うんです。私も含めて性も年代も超えた、いつの時代にもいる、乗り遅れてしまった人々にある種の共感を呼び起こすすごさがありますから。

井上　でも、本当は乗ってもたいしたところへは行けないんですよ（笑）。

スコット・トゥロー／上田公子訳
『有罪答弁』

文藝春秋／2400円

井田　最後はスコット・トゥロー『有罪答弁』です。三十八歳で書いた処女作『推定無罪』が大ベストセラーになり、二作目が『立証責任』。そして、三作目がこの『有罪答弁』。『推定無罪』はリーガル・サスペンス、つまり、法廷劇なんですが、これはもともとアメリカ人が非常に好むところのようです。古くは「ペリー・メイスン」シリーズや、「エクソシスト」も一種の法廷劇と読むことができると思います。

そこで、このスコット・トゥローは新たなリーガル・サスペンスの旗手として現れたと思ったら、そこは彼の達者なところなんですが、次に書いたものは、初老小説といいましょうか、初老に入った主人公の心理の内奥を書きながら、非常に娯楽的な作品に仕立て上げた。そして、三作目では、とても情けない弁護士事務所のスタッフが主人公になってしまった（笑）。

井上　僕はまず、語り方に感心しました。自分の行動や考えたことをディクタフォンに吹き込むという仕掛けなんですね。つまり、すべてをディクタフォンに吹き込むこと、話し言葉と書き言葉の中間の談話調みたいなものでどんな文体が生まれるかという実験をしてるわけで、これは文体の問題でもあるわけです。最初は、死んだ姉さんのイレインに語ってるんですが、そのうちに「特定できないあなた」つまり読者に語ってくる。小説が読者に対して語られるというのは、当たり前ですが、著者はそこに仕掛けを作ったんです。こういう仕掛けが、アメリカのエンターテインメントの凄味ですね。

井田 ちょうど最後の四分の一くらいのところで「あなた、特定できぬあなた」とくるんですよね。この本は五百ページを超える長いものですから、読者が疲れてきたなと思うときに、読者に対して、突如として語りかけて、やにわに彼の世界に引きずり込んでしまう。そしてその呼びかけでマック・マロイの一つの計画が表に出るわけです。これがずっとイレインへの語りかけであれば、飽きてしまうと思うんですが。

井上 話の構えが小さくなってしまう。

井田 そうですね。うーん、言うのも悔しいのですが、実は、私はその途端に口説き落とされちゃったんですよ、この情けないマック・マロイに。あー、やられたぁという感じ（笑）。

井上 もうひとつ、この作品には騎士道小説としての側面もあるんじゃないですか。まず、章のタイトルが長いところがいかにも騎士道小説風ですね。それに騎士道物語には、自分の愛を捧げる〝想い姫〟という姫君が出てくる。それが、この場合、ブラッシーというイタリア系女性弁護士です。この人との、ある意味では恋愛小説の形だが、一人のドジな騎士が自分の過去も見つけながら旅を進めてゆくという物語に思えるんです。この著者は、ハードボイルド風な、現代の騎士物語を書こうとしたのではないかと思いますが、単なる弁護士事務所の中の陰謀事件の謎解きだけでなく、騎士物語のパロディでもあるし、ハードボイルドのパロディでもある。それがこの小説に豊かさをもたらしていますね。
それから、今までもアメリカの弁護士事務所はいろいろな映画や小説で題材になり、もう十分知り尽くしているつもりでしたが、何よりもやはり弁護士事務所の内部が実によく分かりました。

松山 そうですね。やっぱりアメリカは訴訟の国だな。弁護士事務所というのは企業なんですね。それが非常に分かります。

井上 僕が小説家として感心したのは、主人公がマスターベーションするところなんです。それを息子と別れた妻が見てしまう。なおかつさらに警察も見ている。これは、書き手としてはかなり勇気のいることです。

井田 そうですね。私の記憶によると、アメリカのハードボイルドの中で主人公がマスターベーションをする場面が、初めて描かれたのが五年ぐらい前。それまでは主人公はたとえヨレヨレだろうとアル中だろうと、マスターベーションなどしてはいけなかった。あるいは必要なかった（笑）。

井上 情けないの極致ですね（笑）。しかも、自分を捨てていった元の妻に見られている。これはね、相当ひどいですよ（笑）。

松山 主人公をアイルランド人にしたことも、一つの仕掛けですね。井上さんの言われた騎士道小説もアイルランドの伝承に発するといわれています。鶴岡真弓さんのケルトの本に、アイルランドでは、十九世紀の前半に大飢饉があり、餓死と移民により、人口が半分に激減とあって、実は、この移民劇は、ケルトから長年伝えられた聖ブレーダンの不思議な航海譚という伝説に支えられているると書かれている。西方に豊かな約束の地があるという伝説を胸に、皆、アメリカに渡るんですが、そこも約束された地ではない。流浪の民の記憶が主人公の背景にあって、ラストは特に伝承と重なっている気がします。弁護士というエリートの中で爪弾きになってしまう、情けない主人公のどうしようもない心理が、人種的な問題と重ねて、とてもうまいなと思いました。

井上　この作者は抽象能力が非常に高いですね。弁護士事務所に来るお客はどういう種類なのかということを説明するのでも、へたな作家ですとべラベラ並べてしまうんですけど、「金を儲けるか儲けた金を守るか、どっちかだ」とあっさりまとめる。そういう警句のような要約がときどき入る。この辺はとてもいい。

この事件そのものはどうってことない事件なので、日本の作家にも書けると思うんですが、問題はそれをどう扱うか、語りをどうするか、というところがうまい。アメリカの作家の勉強ぶりがうかがえますね。

松山　あと、細かいところですが、大弁護士事務所の中のエリート弁護士たちの部屋の描写もうまいですね。みんな変なものをコレクションしてるんです（笑）。雑駁《ざつぱく》な奴もいれば、自分にこだわりのある奴などはトロフィーを置いたりしている。そういう描写でエリート気質を浮かび上がらせる。彼らが何を望み、狙ってるのか、良く分かるし、面白いなーと思いましたね。

井上　比喩がどれもいいんです。たとえば主人公が、ブラッシーと以前「仲良しダンスを踊ったことがある」というところが出てくるんですが、これは「性行為」を指しているわけです。著者は男性性器もすべて書き分けている。「豊穣の角」「燃えてる棒」などなど。こういう工夫もすばらしい。アメリカのエンターテインメントの質の高さに改めて感心させられた作品でした。

第4回――'95年10月号

1995年の主な出来事
1月　・阪神淡路大地震発生（17日5時45分。マグニチュード7・2。6434人死亡）。
3月　・地下鉄サリン事件発生（20日。犯行はオウム真理教徒によるものとされ、13人死亡。重軽傷者は6000人以上を数える）。
4月　・東京都知事に青島幸男、大阪府知事に横山ノックが当選（9日）。
　　　・為替1ドル＝79円75銭の最高値を記録（19日）。
　　　・アメリカ・オクラホマ連邦政府ビルで爆弾テロ事件発生（19日。168人が死亡）。
5月　・アフリカ・ザイールでエボラ出血熱流行（6日）。
　　　・オウム真理教祖、麻原彰晃（本名、松本智津夫）が山梨県上九一色村の教団内で逮捕（16日）。
6月　・韓国・ソウルの三豊百貨店で崩落事故発生（29日。死者502人、負傷者937人）。
7月　・ビルマのアウン・サン・スー・チー、6年間の自宅軟禁から解放（10日）。

「神は細部に宿る」の証明

W・P・キンセラ／永井　淳訳

『インディアン・ジョー　フェンスポスト年代記』

文藝春秋／2000円

松山　著者のキンセラは、映画「フィールド・オブ・ドリームス」の原作『シューレス・ジョー』を書いた人です。彼の野球小説はすでに有名ですが、実はインディアンを題材にした短篇集も六冊以上出していまして、その一冊が永井淳さんの訳で初めて日本で紹介されました。

内容は、カナダの架空の居留地で暮らしているクリー族のインディアンたちの話なんですが、登場人物が実に個性的で面白い。語り手はサイラス・アーミンスキン、その幼なじみのフランク・フェンスポスト、それに体重百八十キロの女呪術師、マッド・エッタなどなど――。

と説明するより、ともかく電車の中で読んでると、笑いが止まらなくて困っちゃって（笑）。これほど笑った本は久しぶりです。コメディを書かれてる井上さんとしてはどうお読みになりましたか。

井上　この五年間で最高のホラ話小説！

この作品の根底には、アメリカのホラ話の系譜があるわけですが、そういうアメリカ人の十八番であるホラ話をインディアンがとってしまった（笑）。ホラーも面白いが、ホラはもっと面白い。

松山　ギャグは惜しみなく人を奪うって感じで（笑）。本当に、一行一行ギャグがぎっしりです。

井上　「第一印象を与えるチャンスは二度とない」とか（笑）。一見、なんでもなさそうな普通の文章に、ギャグが宝石よろしく光っています。たいした才能とエネルギーですね。

このアーミンスキンという語り手は作家で居留

地一番のインテリらしいんですが、この語り口がすべてを決定してますね。全体をちょっと躁状態に浮き上がらせる語りの位置を見つけたことが、成功の最大要因です。

井田　何といっても、圧巻は百八十キロの女性呪術師、マッド・エッタですよね。

「真相」という話の中で、彼女はアイスホッケーのゴールキーパーをさせられるんですが、「隙間が全然ないところに物は入れられない」というわけで、どんな選手もマッド・エッタが隙間なく立ちはだかるというか、ぴったりはまりこんでいるゴールにはシュートできない（笑）。

松山　本当にあれは傑作。

井上　いい小説は、物語をひと言でいえるんですね。試しにやってみますと、第一話の「真相」は、「体重百八十キロの女呪師マッド・エッタがゴールゲートを体でふさいで得点を許さない」。「トラック」は「トヨタの新品トラックをボロトラックで当てる」。「牛の大群」は、「政府から牛が来る」（笑）。ひと言でいってもなんとなくおかしいでしょう。

書いてあることは、実に下らないというか、まったく瑣末なことです。ただ、それに徹底的にこだわり、書き込んでいき、その結果、初めて描けたものがある。

インディアンが題材なだけに、差別の問題が隠れているんですが、瑣末、つまり枝葉にこだわっていくうちに、歴史や主義や宗教といった大きな見取り図は消えてしまうんですね。そして、上下も右左もなくなって、そこに一種のユートピアともいえる、原始的な平等主義が出てくる。それが片っ端から差別を蹴飛ばしてしまう。こういう乗り越え方もあるのかと感心しました。

井田　いま井上さんがおっしゃったように、ネイティブ・インディアンというのは最も差別されていて、同時に、その被差別性を白人が選挙などで利用するわけですが、そんなこと、彼らは全部、知り尽くしている。「牛の大群」の中でも、そういう状況を笑っていますね。昔、祖先が政府からもらうはずだった牛を、今になって要求したら、果てしなく牛がやってくる（笑）。

松山　そう、スケールが大きい。四百頭来るところに四千頭。

井田　その牛を、これまた白人が経営する高級紳士服店に連れていって、「広告に使わないか」と売り込みをするでしょ。その上、広告というシロモノが、ハイウェイ沿いに並べた四千頭の牛にシーツをつけさせて、そこに書くコピーが、「当店は／おしゃれな店／チンク（中国人）もジャップも／クリスチャンもユダヤ人も／どんな人種にも似合う／シャツとスーツ／ミスター・ラリーの店は／あなたのためのお店です」。キンセラは白人であってこんなことを書いちゃう。こんなギャグが日本でできるかな。やっぱりムリ？　などと思い乱れました。

松山　僕がもう一つ感心したのは、この作品は実に映画的ですよね。一つひとつのシーンが極めて明確でしょう。そして場面がパッパッと変わっていく。あのスピード感たるや、すごいと思いましたね。下手な心理描写や情景描写もほとんど省く。それでいながら雰囲気は実によく分かるんです。

井上　映像の語法を実にうまく小説語法に転換しています。ですから、「そして三日たったある秋の晴れた日」なんて怠けた文章は絶対に書かない。だって、映画には「ある秋の晴れた日」なんていう馬鹿なショットは入らない。

松山　ト書きだけで読ませていくようなスピード感がありますね。

井田　あと、言いにくいことをシャラリと言う。「本物のインディアン」の中で、こういう会話があります。

「『サイラス、おまえは本をよく読む。きっと行ってみたいところがたくさんあるだろう』『アフリカのピグミーを見たいな』『ピグミーがおまえを見たがると思うか?』『たぶん思わないだろうな』『そのとおり。彼らは自分たちが特別だとは思ってない。狩りをして、魚をとって、ただ生きのびようとしているだけだ。ところがわれわれは彼らを特別だと思っている……』」すごいな。

この本を読みながら考えましたが、なぜこんなふうに、読んで大笑いできるノンフィクションがないんだろう。ノンフィクションといえば、いつでも眉根に皺を寄せて、こんな大真面目な問題があるというものばかりで、それが悪いわけじゃないけど、フィクションもノンフィクションも言葉を扱う意味では同じだから、笑い死にできるノンフィクションを読んでみたいなって。

松山　それはぜひやってください。

井上　この中で最高だと思う科白《せりふ》はたとえば次のようなやつ。「熊は山を越えて行った」の中で、主人公が大騒ぎしてるうちに朗読会に遅刻するでしょう。それで、「ジョージ教授がその本当の理由を知りたがるとは思わなかったから、インディアンの時間で考えたために遅刻してしまったとだけ答える。『あなたがこんなに怒っているなんて知らなかったんですよ。約束の日から二日以内にやってきたじゃないですか』」。この科白は、私のように筆の遅い作家には最高の贈物です（笑）。

松山　アハハハ、これから言い訳はそれになさいますか。

井上　もちろん（大笑い）。ともかくこれは近来最高の小説です。あんまり面白いから、ほうっておくと明日まで喋ってますよ。

坪内稔典

『新芭蕉伝　百代の過客』

本阿弥書店／2500円

松山　次は坪内稔典さんの『新芭蕉伝　百代の過客』です。坪内さんは俳人で、いくつかの句集も出しておられます。僕はあまり俳句や和歌には馴染んでないんですけれど、坪内さんの正岡子規の本を読んだことがきっかけで句集を手にしました。そしたら、なんじゃこれは（笑）という句がいっぱい出てまして、最も有名なのが「三月の甘納豆のうふふふふ」。これが名句なのかはわからないんですが、ただ声出して読んでみると忘れられない。

ほかにも「春の風ルンルンけんけんあんぽんたん」、「ボンカレー匂う三月逆上り」など、ともかく可笑しいと同時にどこか恐いんです。非常に実験的な俳句を作っていらっしゃる方ですが、その方が書かれた『おくのほそ道』論です。

『おくのほそ道』なんて古文の授業以来、すっかり忘れてたんですが、改めてこの本を読んでみると、芭蕉という人が身近に感じられて、じつに楽しい本だと思いました。

井上　今までの芭蕉像には、俳諧が一流芸術になる基礎を築いた俳聖、ひたすら真面目で偉い人という印象があった。芭蕉について書かれたものは、みんな真面目で退屈なものですから、敬遠していたんです。

ところが、この本は、まず『おくのほそ道』の注釈書でありながら、ここはつまらんというところは、はっきり言ってる。たしかに僕も『おくのほそ道』がそんなに面白いと思ってなかったですからね（笑）。

井田　でもそれを誰も言わなかった。『おくのほそ道』はとにかく封印して、偉いということにしておきましょうって（笑）。

井上　普通の人にはとても元気の出る注釈書であり、芭蕉の伝記にもなっているし、優れた俳句理論書でもある。ほんとに感服しました。

松山　坪内さんは、俳句は言葉遊びであるというのが前提にあり、それが一貫してテーマになっている。それで、友達のように芭蕉を読み、「おまえ、ここのとこはキザだよ」とか、「おおげさじゃないか」とか、ズケズケ言ってるわけです（笑）。

井田　「そんなにすぐ泣くなよ」とかね。

松山　注釈というとどうしても、芭蕉の句や文は白楽天や杜甫などの本歌取りであって、それが一種の教養だったという言い方をするけれども、坪内さんはそうではなくて、根底にあるのは遊びなんだと言うんですね。こうした解釈で、芭蕉像を解放してくれましたね。

井田　俳句とはつまり歌枕という定型を壊すためのものだったのかと気づきました。芭蕉も非常に実験的なことをやっていて、しかも、それは遊びつつ実験したんですね。

井上　芭蕉は、言葉遊びから風雅へ行ったのではなく、言葉遊びは捨てずにそれに風雅を積み重ねて、いちばん大事な方法としてちゃんと言葉遊びは生かしていた人だということがわかっただけでも、これはたいしたもんですね。

井田　恥ずかしい話ですけど、私、子規の有名な句で、「柿くへば鐘が鳴るなり法隆寺」というのを学校で習ったときに、ハァ、法隆寺というのは、誰かが柿を食べると自動的に音波装置が発して鐘が鳴るというような、そんなハイテクノロ寺院（笑）だったのかと思い違いしたんです。

井上　面白いじゃないですか（笑）。俳句というのは片言的性格、つまり五・七・五、十七音しかないので、どうしたって全部は盛り込めない。だからこそ、いろんな読み方ができる。そのいろいろに読む人たちが巷《ちまた》にたくさんいて、いい句を支えていくわけでしょう。一方に連句の座というのがあって、これは巷じゃなくて一座が支えていくわけですね。座を作れば作るほど閉鎖的になっていくという問題は、日本人論まで発展しますが、それはともかく坪内さんは、名句は世間がいろんな読み方をして支えているものだと喝破なさった。だから、井田さんの読み方は坪内理論に叶うわけです。

井田　いや、私のはただの国語力不足。

松山　一見、俳人というと、僕らにはわからない世界という感じがあったんですが、坪内さんはそういうところがない。この本や、坪内さんの句集を読んでいると、ああ、こうやって俳句というのは楽しめばいいのかなと思えますよね。

井田　結局は、片言や呟きを無意識のうちに言いながら、それが意識の上に泡のようにのぼってきてパチンと弾けたものが、俳句だったんですね。『おくのほそ道』も、一人の、いわゆるヘンなおじさんがブツブツ言いながら「おくのほそ道」つまり言葉の深く細い、夢か現《うつつ》の道を歩いていったという風景にもっと近かったのかもしれない。

また、坪内さんがご自分のことを「ずっと言葉を発することができない、人と接することができない子どもとして育った」というふうに書かれてますよね。これはただ自分勝手な共感かもしれないですが、私も、ある時期まで他人と喋るのが怖かった。でもそう言いつつも、あるとき、ふとわき出るように呟きとして言葉が出てくるんです。

井上　抑圧されればその分だけ噴き出てきますか

らね。

井田　そうなんです。そういう片言や言葉の泡のようなもので遊ぶという状況が、坪内さんや芭蕉に共通して感じられました。

松山　芭蕉は、土糞なんて号も持ってたそうですが、そんな名前を自ら付けたところに、無用の者という開き直りが感じられます。坪内さんも子供の頃「ネンテン、ネンテン、腸捻転」と囃されたと思うんです。それをどこかで引っ繰り返した。句集の帯に「腹が捻れるネンテン俳句」なんてコピーがありました。そういうところ似てますよね。

井上　つまり芭蕉の方法論は、自分をいったんマイナスの位置に置くというのがコツなんです。高みに置くと、新しさは出てこない。すごい方法論です。これは『インディアン・ジョー』でも、次の『惹句術』でもすべて共通します。

松山　それは決して謙虚や卑下じゃなくて。

井上　そう。いっそう高くジャンプするためにいったん身を低くする。

井田　それにしても、坪内さんは、芭蕉の悪口も言いながら、芭蕉が本当に好きなんだなあ、と深く実感しました。

井上　ほんとに、蕉翁への恋文のような本でもありますね。

関根忠郎／山田宏一／山根貞男

『増補版　惹句術　映画のこころ』

ワイズ出版／2900円

松山　三番目が『惹句術《じゃっくじゅつ》』です。惹句というのは、今で言えばコピーでしょうが、ちょっと違う。東映でずっと宣伝を担当なさっている関根忠郎さんと、映画評論家の山田宏一さん、山根貞男さんの三人が、「惹句」、つまり映画の宣伝文句について鼎談をした本です。

『新芭蕉伝』の後にこれを出したのは、坪内さんだったら怒らないだろうけど（笑）、言葉遊びということなんです。最初の『インディアン・ジョー』の中のホラ、言葉のかけ合いの面白さ、坪内さんが『おくのほそ道』の中で探しあてた言葉の豊かさ、笑い、そういうものが実は映画の宣伝コピーの中にもずいぶん含まれていたんじゃないかと思うんですね。

井田　私は、映画黄金時代というのはまったく知らないんです。でも、街のあちこちにポスターが貼ってあって、もう街の中から映画が始まっていたというような感じ、それがこの本でわかるような気がしました。

井上　そうそう、街に装置があったんですね。銭湯、電柱、それから、家の塀にもビラが貼ってあったり――。

井田　今は電柱は、北方領土関係や風俗関係の貼り紙で埋められておりますが（笑）。

松山　映画がほんとに最大の娯楽の時期ですよね。そんな中で、「ドスが咲いたぜ！　東映桜も見事に咲いた！」とか、「つろうござんす浮世のしがらみ」とか、「淫美の花、白裸のサンドラ」なんて惹句が、人々を映画館に引っ張っていったんですね。

井上　昔、浅草で見かけた惹句で、びっくりしたのが二つあって、一つは、僕がいたフランス座の、「出演する美女二十三人、豪華な衣装二十二着」（笑）。心ある人は、一人は裸で出てくるのかなと思うんですね。もう一つは、ラーメン屋さんの人集めの惹句、「副社長募集」その横に小さく「皿洗いもできる方」って（爆笑）。その伝統はありますね。

井田　一方で、惹句というものが徐々に現場から離れていく過程を追っていった本としても読めますよね。かつて、惹句は製作と同時に行われていて、いわばそこでコンセプトを同時に作っていくという時代だった。ところがそれが、どんどん「コピー」になっていく。つまりコピーだけが一人歩きして、映画の現場から離れていってしまうわけですよね。

井上　それは、重要なことですね。井田さんのテーマでもある、「言葉はどういったところから力を得て、そしてなぜそれを失っていくか」という問題ですね。

井田　惹句というのも、言葉を作る先端的職芸工的作業ですものね。

松山　関根さんは本当に職人のような仕事ぶりですよね。映画全体を見通して、彼にしか書けない惹句を作る。でも最近は、映画作りが企業になって、きみはこういう宣伝コピーって、最初から企画の中に全部はめ込まれてしまうことが分かります。

ところが映画というのはたぶん、坪内さんの俳句論じゃないけど、いろんな見方ができて、惹句を書く人たちには一つの見方があり、監督はまた別の見方、役者は他の見方と、一人ひとりの愛着の持ち方が違っていたんだと思うんです。それが分業体制になってしまったという感じはしますね。

井上　やっぱり惹句には言葉が力を持って動いているんですね。人を映画館まで連れて行かねばならない言葉なんです。一方、いま全盛のコピーは、言葉の力というものをできるだけ表に出さない、言葉でモノを、むしろケーキみたいにきれいにするという方向をとっているようです。

松山　もうひとつ、この本を読むと、時代の世相や庶民の気持ちというのが実によく浮かび上がってくる、そういう切り口でも僕は面白かったんです。惹句だけ並べても、あの時代の熱気がバーッと上がってくる。
井上　これは、オーバーに言うとアナール派歴史学の大変な資料です。偉い人だけでつないでいく歴史ではなく、大衆が何を見たかったのかで歴史を綴ってるわけです。
井田　本当におっしゃるとおりですね。だけどやっぱり私、なんだか、単純にこのハチャメチャさが好きだなあ。全然知らない時代だけど、昭和七年なんて暗かったわけなんでしょう。
井上　大不況で、凶作や三陸大津波があったり……。
松山　そういうときだからこそ、斎藤寅次郎なんて監督は、映画というメディアを十二分に使って、人を奮い立たせ、軍国主義じゃなくて、楽しみとか嬉しさのほうに引き寄せていこうとしたんじゃないでしょうか。タイトルだけでも本当に可笑しい。
井田　『女は寝て待て』とか『豚の花ざかり』とか『全部精神異常あり』とか（笑）。
松山　三人の著者を含めて、映画というものをこんなに信頼してた人たちがいたのか、という感じはものすごくしますね。
井上　それがこの本の感動の源泉ですね。
松山　井田さん、今度の本のタイトルを『女、真木子どこへ行く』なんてしてみたくなりません？（笑）
井田　うーん、やってみようかな。あぁ、なんだかやってみたくなってきた（笑）。
井上　今回はとってもいい本が並びましたね。三冊を通してみると、いずれも「瑣末主義」なんですよ。どうでもいいようなことに徹底的にこだわって、その中から笑いや真実や時代を見いだしている。「神は細部に宿りたもう」という言葉が見事に証明された三冊です。

7月
・参議院選挙で社会党大敗。民進党が躍進（23日）。
・九州自動車道全線開通。これにより青森―鹿児島は高速道路でつながる（27日）。

11月
・広島市長、長崎市長が国際司法裁判所に「核兵器使用は国際法違反」と訴える（7日）。
・野茂英雄（ドジャース）、大リーグで日本人初の新人王獲得（9日）。
・岐阜県神岡鉱山地下に世界最大のニュートリノ観測装置「スーパーカミオカンデ」が完成（11日）。
・マイクロソフトWindows95日本語版発売（23日）。

12月
・韓国前大統領全斗煥逮捕（3日）。
・高速増殖炉もんじゅ、ナトリウム漏洩事故（8日）。
・住専処理機構に公的資金6850億円投入（19日）。

今も昔も変わらぬもの

ソーントン・ワイルダー／水谷八也訳
『危機一髪　ソーントン・ワイルダー戯曲集2』
新樹社／1800円

井上　僕は小説と芝居を書いてます。最近は芝居のほうが多いぐらいですが、とても残念なのは、劇場人口は増えたというものの、戯曲を「読む」日本人がまだまだ少ないことなのです。戯曲を読むのは確かに面倒です。自分で配役をし、演出もして、照明も効果も自分でやりながら読まなきゃならない。だからこそかえって、慣れればこんなに面白いものもないんですが、残念ながら、日本では戯曲は売れないと相場が決まっていますｍ（笑）。

そこで、この鼎談でぜひ一度、戯曲を取り上げてみたいと、かねがね思ってまして、今回、ソーントン・ワイルダーの『危機一髪』を選んでみました。

これは、初演された一九四二年当時はもちろんのこと、今でも、極めて実験的な作品です。なんでも、ブロードウェイで上演された初日、最後まで残ったお客さんがたったの七人しかいなかった。七人というのはブロードウェイの新記録で、いまだにその記録は破られていないらしい（笑）。

初演の時のメンバーが、またすごいんです。演出がエリア・カザン。主人公がフレデリック・マーチ、息子のヘンリーがモンゴメリー・クリフト、そして小間使い役がブロードウェイの大女優、タルーラ・バンクヘッド。これだけ豪華な顔触れをそろえたのに、初日の客が七人というんですから、いかにこの芝居が理解されなかったかわかります。

ただ、最後まで残った七人は、みんな泣いていたそうです。そしてワイルダーは、この作品でピュリッツァー賞を受けました。

松山　七人の客は幸運でしたね。僕は感銘を受けました。これだけスケールが大きく、しかもディテールが練られた演劇というのは、ちょっとないんじゃないですか。

主人公のアントロバスは、アルファベットや車輪を発明する男になっていますね。洪水の時に、ノアのように動物を船に乗せて救おうとする。読んでいくと、彼は人類全体の象徴だということがわかってくるんですね。突然モーセやホメロスが登場したり、戦争があり美人コンテストがありと、メチャクチャのようなんだけど、人類誕生以来の歴史が凝縮されて芝居の中に入れこまれていることがわかってくるんですね。

井田　小間使いのサバイナがクセ者でよかったなあ。芝居の登場人物でありながら、時々、観客に直接話しかける。「みなさん！　こんなお芝居、まじめに受け取っちゃだめよ」なんて。小説にメタフィクションがあるなら、これは、いわばメタドラマで、そのメタドラマの中核にいるのがサバイナ。

松山　芝居の中と外という境界線を出たり入ったりして、お客さんを芝居の中に呼び込んだり、逆に芝居を客の方に向けたりする。

井田　ですから、サバイナは実は主役でもある。これを演じた女優さんは日本でいうとどんな女優さんにあたるんですか。

井上　タルーラ・バンクヘッドという、ブロードウェイの大女優ですよね。日本でいえば、山本安英か杉村春子ってところじゃないですか。

さっき井田さんがメタドラマとおっしゃいましたが、その通りで、近代劇の基本というのは〝覗き見〟なんですね。舞台には四方に壁があって、その中でドラマが進行する。その観客側の壁をソーッとはずして、こっそり盗み見して笑ったり泣いたりするのが近代劇なんです。ですから舞台の上で殺人が起ころうが何が起ころうが、観客はただそれを見ているだけ。

僕は、基本的には芝居はそれでいいと思ってるんですが、この芝居は、その壁を壊してしまった。

井田 実際、劇の中で、家の壁がグラグラ揺れてみんなで必死に押さえますよね（笑）。

井上 こうやって芝居の約束事をぶっ壊す作家は常に必要なんですね。

ちょっと近代劇史をおさらいしますと、イプセンなどが近代劇を作りますが、ちょうどその頃、世界的に演劇の見直しが始まり、パリには自由劇場ができ、アイルランドにはイェーツが登場し、その波は日本にも及んでくる。こうして近代劇というものができあがりつつあるときに、それに疑問を投げかけたのが、チェーホフなんです。さらに、ピランデルロが登場して、近代劇が築いた約束を目茶苦茶に壊す。その頃、アメリカで同じように、近代劇に揺さぶりをかけていたのがワイルダーで、それが戦後、フランスに移って不条理劇になる。だから、ワイルダーというのは、近代演劇において重要な位置を占めているわけです。

当時、ブロードウェイはサロン喜劇の大全盛でした。舞台は中流か上流の客間で、いつもハッピーエンドで終わるというパターン。そういう定型をぶち壊していく作家の一人がワイルダーだったんです。

松山 ただ、『危機一髪』の中には、ヴォードヴィルの典型みたいなシーンもずいぶんあるでしょう。

井田 出だしは、小間使いが文句をたれながら、部屋の中でパタパタはたきをかけている。これはお約束事ですよね。

松山 そうそう。家族みんなで父親の帰りを待っている。そこへ、父親のアントロバスが酔っぱらってクダ巻きながら家に帰ってきて、ペットまで、これがマンモスと恐竜で大喜びする。この辺は、子供のときに見た大宮デンスケさんの登場そのまま。笑いの基本はちゃんと押さえてある。

井上　アントロバスが、夜の一時間一時間に名前をつけるという場面が出てくるでしょう。九時はスピノザ、十時がプラトン、十一時がアリストテレスとか。実はあれは、当時はやっていたジークフリート・フォーリーズというレヴューの場面を真似てるんです。レヴューの方は、「七時はお酒を飲む時間」といった風のたわいない内容なんですけどね……。

井田　つまり、四〇年代に全盛を極めてたものを否定するのではなくて、むしろうまく使いながら、実験をしているわけですね。

井上　サロン喜劇、レヴュー、ヴォードヴィルと、劇場のテクニックを、ワイルダーはいったんここでせき止めたわけです。そしてホームドラマの形をとりながら、人類の歩みとか、宇宙といったとてつもないものを演劇の中に持ち込んだといえるんじゃないですか。

松山　別役実さんがベケットを分析して、「確かに論理的には理解できるけど、観客をドラマに巻き込めるか」という疑問を書きましたが、実験演劇というのは、見ててあんまり面白いもんじゃないんですよね。高校の頃、ピランデルロの戯曲を上演したのを見たことがあるんですが、面白くなかったという記憶しか残っていない（笑）。ソーントン・ワイルダーという作家は、とてつもない実験をしながら、一方でヴォードヴィルの魅力なども きっちり押さえていますね。それだけにこういう劇は演出がむずかしいでしょうね。

井上　だからこそ、ストレートプレイの堅実な演出家、エリア・カザンを使ったのかもしれません。戯曲自体は、壁が壊れたり、恐竜が出てきたりと、劇を壊す方向に働いているわけですから、むしろ、演出家とサロン喜劇の名優が一緒になって、日常のリアリズムをきっちり描き、劇を壊すまいと頑張る。そうすると面白い劇になるでしょうね。

そんなふうに読むと、戯曲も楽しめると思うんですが(笑)。

伊原青々園/後藤宙外編

『唾玉集《だぎょくしゅう》 明治諸家インタヴュー集』

平凡社/2987円

井上 次は『唾玉集』です。これは噂に聞いてた本なんです。伊原青々園と後藤宙外という二人の編集者が、明治の様々な分野の人に会って話をきいたインタヴュー集で、前半は筑摩の「明治文学全集」にも載っていました。ただ、「後半の方がずっと面白い」と言われてて、それが今回、初めて全部まとめて本になったわけです。

松山 前半は、幸田露伴、尾崎紅葉、二葉亭四迷といった作家のインタヴューですよね。僕はこれはこれで面白かった。

二葉亭が『浮雲』の文章は殆ど人真似なんだ、と自分で言うでしょう。三馬とドストエフスキー、ゴンチャロフを模してみたのだ、なんてね。あれ、わざとひねくれてるんですね。

井上 尾崎紅葉と泉鏡花の「恋愛問答」が傑作(笑)。紅葉先生が「私なんぞは、死を以て迫るやつなら下女でも偏盲でも寝てみせるね。実に拒絶するのは人情に忍びないからね」と言うと、鏡花が「そういう関係で出来たものが夫婦になって居られますかね」と聞く。すると先生、「なっていられるとも」。師匠と弟子が、妙な問答をしてる。

松山 斎藤緑雨の開き直った恋愛論もおかしい。

でも、たしかに後半の、指物師《さしものし》だとか漁夫、髪結い、国事探偵、芸者といった、庶民の話の方がよりおもしろいですね。

井田 意外な話がずいぶんあってね……。芸者さんがこんなに貧乏してたなんてびっくりしました。五目ご飯が出来たからおいでというと、向かいの家からお箸持ったまま駆けてくるとか。

井上 指物師が、徒弟奉公しているときに今日は肴を食わせてやるって言われたので楽しみにしていると、酢をかけたオタマジャクシがでてきたなんていうのもすごい。

井田 「新聞探訪の述懐」というのも、涙なしには読めないです。新聞探訪とは、今で言うデータマンで、私も五、六年前までこういうことをやっていた。ああ、歴史はまったく変わらない。

松山 そうそう。記者に泣かされてるのがよくわかる。

井田 データを集めてくるだけですんだ頃はよかった。「今日では探訪は残らず自分で書いて、標題までつけて、それを記者は直す位にまで仕事が進んだ。しかし品位は下落した」なんてありますが、これも百年来、相変わらず(笑)。

松山 僕は個人的には、老探偵の話がとても面白かったですね。

井上 いいですねえ、この老探偵は。正月にはお年玉として犯人を挙げなきゃならないから、その前に目星をつけといて正月までは泳がしておくとかね。

井田 身体つきをみるだけで、どんな人間か見抜いちゃう。「一目見ると、石屋なら石屋と判る」なんて。石屋らしい身体つきって、松山さん、どんなものなんですか。

松山 まず胸が厚いんです。職人は身体を鍛えてますからね。僕の親父は石屋で、僕よりも痩せてましたけど、胸の厚さはまったくかなわなかった。それと肌にしみ込んだ陽焼けかな。

井上　「大工は新木の香りがするが、建具屋のは主に檜の香りがする」なんて、ホームズ顔負け。

松山　実はこの老探偵が仕事をしてた範囲は、僕が住んでる愛宕《あたご》あたりなんですね。桜川という川の橋の下で張り込んでたとありますが、僕が通った小学校の前あたりを流れていたらしいんですね。ほとんどウチの界隈が取締りの範囲で、だいたい場所がわかるから、おかしくて仕方なかったんです。

井田　それと、この本に次々と登場する人々の情が全編にわたって、たゆたっているというのが、なんともいえませんね。

井上　人生観のようなものですね。

井田　そのあたりのリアリティを小説家に拾い上げてほしいと言っているわけでしょう。ところが小説家は「職人社会の情態をチッとも御存じないですね」なんてね。

井上　「どなたの趣向も同じです。学問ということに凝ッて情を探究することがないようです」。これは痛いなぁ（笑）。

井田　編集がいじわるなくらいうまいですよね。最初に偉い人を並べておいて、その発言を、後で市井の無名人の揶揄の伏線にしているんだから。

松山　福地桜痴のインタヴューが前にありますが、後半に出てくる芝居の見巧者の話では、「福地さんの作なんぞ、本で見ると滅法面白いが、サテ舞台へ掛けると往けない」と、さんざんに言われちゃう。

もっとも桜痴自身、戯曲は本職じゃないなんて牽制してますが（笑）。

井上　もうひとつ僕が感心したのは、談話体が実にうまく各人を文章の中に生き返らせているというところでした。最近のインタヴューというのは、読んでいるとどこかゆるいんです。このインタヴューは話し言葉がシャキシャキとイキがよく、しかも情報量をちゃんと持っていて、人の興味をそらさずに、うまくまとめていますね。本当に職人技です。

松山　僕なんか、ああ懐かしいな、という感じです。紅葉にしても、職人さんや芸者さんの言葉にしても、つい昭和三十年代までは東京にはこういった話し方をする人がいたような気がします。

佃島の漁師の話がありますが、「いっち始めはこっちへ三十六人というものがお供して小網町へ住宅したんでごあんすよ」なんてね。べらんめえ調とはまた違うクセのある言葉を、実にうまく再現してますよね。テープレコーダーもない時代に、よくここまで起こしているなと思いました。

井田　逆にテープがないほうがいいんでしょう。テープを忠実に再現しても、文章には絶対にならない。自分の体内を一度通して再生すると、言葉が生き返るんでしょうね。ひとつひとつのインタヴューのすべてが、粒だってみえました。

山田風太郎『室町少年倶楽部』

文藝春秋／1500円

井上　三冊目は『室町少年倶楽部』です。やはり山田風太郎さんは、大変な小説家ですね。表題作の「室町少年倶楽部」は、三人の少年少女が無邪気に遊んでいるところから始まります。そこへ十六歳の颯爽とした少年が登場する……。後の日野富子、足利義政、細川勝元です。まったく童話風な始まりです。この後、これらの人たちがそれぞれの運命のもと、どのように変わっていくかというところを見せていくわけですが、小説の始め方がじつに巧妙です。

風太郎さんは、大きな歴史を嚙み砕く、特別の金槌を持っていらっしゃるように思うんです。だから、これも、ただの応仁の乱の前の発端記ではない。

松山　僕は風太郎さんのファンで、大体作品は読んでいるつもりですが、おそらく、冒頭のシーンのように、童話風の文体で書いたのは初めてだと思います。

井田　私もびっくりしました。「序ノ章」だけをそういう文体で書いて……。

松山　その後、がらっと変えてますよね。冒頭の部分は、映画で言えばセピア色で映してる感じね。

井田　初めにセピア色の写真がカシャン、カシャンと出てきて、それからおもむろに総天然色で本編が始まる映画みたい。

松山　それがまたいいんだなあ。

井田　風太郎さんは、糸車をカラン、コロンと転がすように物語をお書きになる。それもなんだか面倒くさそうに、どうでもいいように、ところが、一見、どうでもよさそうに見えることほどすごいことがわかる。その瞬間は快感に打ち震えますね。

井上　それと風太郎さんは、読者がもってる予備知識を実にうまく活用するでしょう。少年たちがお忍びで御所の外へ遊びにいくところがありますが、そこで伊勢新九郎というのが出てくる。これが後の北条早雲なんて言われると、ただそれだけで嬉しくなっちゃう（笑）。こういうのは、風太郎さんの得意手ですね。

松山　風太郎さんの史観というか、歴史に対する興味は、婆娑羅《ばさら》が軸になっていると思うんですね。常に時代の中で異彩なもの、異彩を放つ存在があり、それは歴史のどの時代にもある。室町にも江戸にも、明治になっても婆娑羅はいる。風太郎さんは、大杉栄なんかは婆娑羅だと言ってますよね。

井田　そうそう。歴史は常に巡っていくと。

松山　この本の最初の「室町の大予言」では、足利義教が織田信長と重なっていく。どこまで本当か嘘か、僕にはわからないんですが、春日局なんていう登場人物も出てくる。おそらく室町のこの時代にも、同じ名前の人間が実際にいたんでしょうね。

井上　いきなり伊達政宗が出てくるのでびっくりすると、「こんなところへ伊達政宗が出てくるか、などといってはいけない」と風太郎さんが書いて、ホッとさせてくれる。読者の知識を逆用していろんな知的アクロバットをやっていますね。

井田　風太郎さんいわく、これはそっくりさんの物語だから驚いちゃいけない。そっくりさんの、そのまたそっくりさんも歴史は作っていくのだ、とね……。

松山　そう。世の中いろんなことがあるようだけど、実は人間はそんなに時代によって変わらないんだよ、というような独特な風太郎さんの史観に納得させられる。

井上　この「室町少年倶楽部」は、風太郎さんの作品の系譜からすると、新しい試みなのかもしれませんね。

松山　僕は、風太郎さんは実験をしたんだと思いますよ。童話と重ねるといった書き方もそうじゃないですか。

井上　もうひとつ、この作品は、一つの時代を他の時代と重ねていくというんじゃなくて、四人の登場人物をずーっと見ていって、「人間というものはこうも変わってしまうんだ」ということを描いている。これまでの風太郎さんなら、後の時代を重ねてくっつけたりしたんじゃないかな。すると、世の中は繰り返すけど、人間は一生の中でこんなに変わるんだよ、ということを描きたかったのかもしれない。そう考えると、僕はこれは風太郎さんのものの中では大事な作品になるだろうという気がします。

松山　風太郎さんは、あと一、二篇書こうと思ってたのかもしれませんね。風太郎さんは、最後でかならずもう一度引っ繰り返しますからね。この後、応仁の乱が起こり、足利家が崩壊するあたりまで書こうと思ってたんじゃないかな、という気もします。

井田　応仁の乱の直前でパタッと終わってますが、ちょっと風太郎さんらしくない終わり方のような感じですものね。

さっき、「時代は繰り返す」という話になりましたけど、風太郎さんの場合、それが安っぽい諦観、無常観にならないですよね。人間はいつまでたっても同じことをしてるんだ、だから生きてたって仕方ないんだ、じゃなくて、逆に、惨憺としていながらも、生きているのが人間なんだと言われているような気がする。なんだか読むと元気が出てきます。私はそれが好きで、ずーっと風太郎ファンなんですね。

井上　そう、魔訶不思議な元気がでるんだなあ。

松山　それは最初の『危機一髪』もそうなんで、人間は進歩しているようだけど、結局同じじゃないか。同じだけども、前へ進んでいこうじゃないかと、ワイルダーは言っているように見える。

井田　『唾玉集』のデータマンの辛さも楽しさも、今昔、変わりませんしね（笑）。

松山　だから井上さんはこの三作を選んだんだ。

井上　今も昔も変わらぬもの、ですか。それは意識していなかった。ウーン、今回も新しい発見をしました。

第6回

道を極める人たち

'95年12月号

古川緑波
『ロッパの悲食記』

筑摩書房／600円

松山　最初は古川緑波さんの『ロッパの悲食記』です。緑波さんは一九〇三年生まれ。言うまでもなく、エノケンとともに日本のコメディの黄金時代を作り上げた人ですね。

　本の内容は、『古川ロッパ昭和日記』全四巻のうちの、昭和十九年と昭和三十三年の食べ物の日記と、食べ物に関するエッセイをまとめたものです。八三年に単行本が出てますが、今度、改めてちくま文庫に入ったのでご紹介したいと思います。

　読んでいて唖然とするというか、豪快痛快というか……、とにかく食べる（笑）。たとえばロケで会津に滞在中の昭和十九年五月のある日は、朝が味噌汁と豆腐の澄汁に卵ご飯、昼がオムレツ、フライエッグス、カレー丼、夜は鶏肉すき焼き、卵焼、茹で卵……。日本酒もしこたま飲んで、すっかり満足してます。

　昭和十九年というと、食べ物がなくてつらい時期のはずなんですが、これだけ食欲と人気のある人のところには、食べ物の方から集まってくるのだと感心しました。

井上　同時に食べるために涙ぐましい努力をするでしょう。なにか食べさせてくれる店をさがし回って奮闘する。ところが目指す店に行ったら肉がなくて、「ワーッと泣きた」くなってしまったりする。

ロッパといえば、男爵の息子でしょう。お祖父さんは東大総長をやった加藤弘之。家柄がよくて、しかも人気もあったから、殿様みたいに威張ってたという噂でした。

東京に宝塚劇場ができてすぐの頃、菊池寛が推薦して、その宝塚のショーに主役で出ることになった。その時、ロッパは小林一三に向かって「千両役者といいますから、僕に千円下さい」と言った。すると小林一三も十五日間のギャラに千円ポンと払ったという有名な話があります。昭和の初めの千円ですから、たいへんなお金です。

それだけの人が、食物でこれだけ苦労してるのを読むと、なんだかかわいそうで、その落差に、ショックすら受けましたね。

松山　僕は終戦の一カ月前に生まれてるんですけど、戦後、食べ物もロクなものはほとんどありませんでしたよ。ロッパが戦時中食べていたようなものには、二十歳ぐらいになってようやく、お目にかかった感じだなあ。

井田　ピザを食べる話が、昭和三十三年の日記の中に出てくるでしょう。私、ピザなんて食べたの、大学二年生のときが初めてですよ（笑）。

松山　僕だってそうです。

井田　でも、松山さんは私より十一歳も年上……。

井上　食い物の恨みは……ですな（笑）。

松山　驚異的なのが富士屋ホテルの話。メニューに書いてあるものを上から下まで全部食べるんですね。だから、ディナーでは、スープも魚も肉も二種類ずつ、最後のお茶も三種類。それを三食一週間続けたというんですから……。

井田　それで「別段、胃袋をこわすようなこともなく、翌朝は又、適当に腹が減っていた」なんて、びっくりするより笑ってしまう。普通、三日はお腹なんか減りませんよ、こんなに食べたら。

松山　しかも脂っこいものが大好きでしょう。魚より肉が好きで、肉でも豚カツならヒレじゃなくて、ギトギトのロースでなくちゃいけない。卵料理も大好き。

井田　その上、ただの大食じゃなくて、食べないものもあるんですよね。マグロは食べないし、そばも駄目なんでしょう。

松山　この中で、僕が笑ったのは、映画で相撲取り役を演じる岸井明さんがロケ地にやってくる話なんです。四十二貫あった体重が十三貫痩せたと聞いて、ロッパは「よし、当地で、しびれる程食わしてやる」と企画する。翌日、さっそく店に頼んで御馳走をしこたま用意して岸井さんを呼びにいくと、「何と、彼今朝より大下痢で苦しんでいるから、行けないと言う。人生とは、かくの如きものか」(笑)。

井上　この本は資料としても貴重ですね。毎日毎日、何を食べたかが克明に記録されてるでしょう。そこから、大きな時代の流れがよくわかりますよね。

井田　おかげで、名前だけ知っていた、ヤミ洋食屋というものもわかりました。カーテン閉めて、休業の札をだして、裏から入る。禁断の園みたいです。

松山　すき焼きを手に入れて旅館で食べていたら、隣の人が嗅ぎつけて、怒るからやめてくれと言われたりね。

井田　以前、仕事で食べ物の本をわりあい多く読みましたが、この本と似た印象を受けたのが徳川夢声と内田百閒だったかな。三人とも、特上のものからゲテまで、貪欲に食べる。ロッパは「下司味礼讃」の中で「一流の上品な味よりも、天ぷらを食うなら、天丼が一番美味い」と書いていますが、百閒も「天丼ほど下品な食べ物はない。夢中で食べおわって、ふとみると、丼の底に茶色い汁がたまっている。これはさしずめ犬や猫の食い物だろう」なんて天丼をけなしながらほめている。

松山　百閒はある意味で粗食ですよね。戦時中に書いた、食べたいものを列記するだけの文章も面白かったなあ。

井田　食べ物について不用意に書くと、ともすれば厭味になったり、採点主義になったりしがちですけど、読者としては、これは九十点、あれは四十五点なんてことを並べられてもあまり意気があがらない。ところが、ロッパさんたちのものは、食べ物のことをこれでもかとばかりに書いても全然厭味じゃない。品がいいんですね。

松山　なぜ読んだ後気持ちがいいのかというと、ロッパは決して食べ物をおもちゃにはしてないからでしょうね。最近のわけのわからない食べ物をみたら、ロッパさん、怒っちゃうんじゃないかな。つまり食べること、おいしいことを純粋に求めた人なんでしょうね。

井上　われわれだって、食いしん坊じゃないにしても、とにかく食わなきゃいけない。そこにちゃんと繋がっているから嫌らしくないんですね。食べ物の話というと、どうしても通ぶったエッセイが主流になってしまう。それを乗り越えて、読者が気持ちよく読めるものというのは、ほんとうに少ないですね。

松山　僕が感心するのは東海林さだおさん。ロッパとまではいかないにしても、いろんなものを飽きずに、ゲテ物まで食べて、それを心から楽しんで書かれてるでしょう。

井上　東海林さんの食べ物を擬人化して挑んでい

く書き振りは、最高ですね（笑）。僕は丸谷才一さんの食べ物についてのエッセイも大好きなんです。どこがうまいまずいじゃなくて、文化としての食べ物について書いておいでです。

松山　活力のある方は、みなさん、食欲旺盛でしょう。梅原龍三郎さんは鰻やビフテキばかり食べてたらしいし、次の矢野さんの本を読むと、牧野周一さんも朝からビフテキだったそうですね。

井上　黒澤明さんも、いまでも毎朝ビフテキを食べますとおっしゃってますよ。実はロッパさんも、食べ物のために仕事をしてお金を稼ごうと頑張っていたところがあるんじゃないですか。僕らもこの本を読んで少し食生活を考え直しましょうか……（笑）。

矢野誠一
『酒と博打と喝采の日日
——さらば、愛しき藝人たち2——』
文藝春秋／1500円

松山　次は矢野誠一さんの『酒と博奕と喝采の日日』。十年前に矢野さんは『さらば、愛しき藝人たち』という本でアダチ竜光や山茶花究などについて書いてらっしゃいますが、その第二弾にあたる本です。僕は芸人の話が好きでよく読むんですが、酒と博奕と芸といったものに賭けた人たちの面白さが描かれています。

井上　時間をかけて書かれていますね。こういう本はどれだけ面白いエピソードを集めるかが勝負ですが、いいのがたくさんある。

笑福亭松鶴は金に目茶苦茶で、借金ばかりこしらえていた。それでもちゃんと原則があって、借金を「するなら一軒にかためろ」と言う。そうすれば「おのれが倒れるか、店が倒れるか、これ、どないもならんようになる」（笑）。

松山　借金といえば水原弘もすごかったんですね。高利の町金融から借りまくって、明日までにどうしても二百万返さなきゃ大変なことになるというので、四苦八苦して金をかき集めた。ところが、アメリカに行くという友人に会うと、「ようし、盛大に壮行会をやろう」とその金を一晩で使い果たしてしまう。

井田　水原さんが勝新太郎へ手形の裏書きをお願いにいくという話も傑作ですよね。勝新はちょうど麻雀の最中で、弟子に硯と色紙を持ってこさせると、自分の手形をベタッと押したなんて（笑）。

井上　てんぷくトリオの戸塚睦夫さんに一章が割かれてますね。僕はてんぷくトリオの台本を五百本近く書いていましたから、よく知ってるんですが、ここに書かれていることは、実に正確ですね。エピソードだけじゃなくて、あの章の全体を通してある悲しいムードは、戸塚さんにぴったりなんです。おっとりした人で、どこか悲しそうだけど、泰然としてるという姿がよく出てると思います。

それは矢野さんの文章がいいせいですね。たいした文章力ですよ。それでいて、時々芸人っぽい口調になる。その兼ね合いもうまくいっています。

松山　わざと軽く書いているんでしょうね。もうひとつうまいと思ったのは、エピソードを修飾語のようにして文章の中に組み入れて書かれているんですね。たとえば越路吹雪は毛皮をたくさん買ったけど、結局ほとんど着なかったという話の中で、「毛皮は、動物園ができるくらい持っていた」という表現があるんです。たぶん、誰かが矢野さんにそのようなことを言ったんだと思いますが、それが頭の中に残っていて、一つのエピソードをかもし出すような言葉を潤沢に入れている。やっぱり元手をかけた仕事ですね。

井田　矢野さんが芸人を見る視点は、批評ではない、無批判な取り巻きでもないですね。かといって、観客のように客観視しているわけでもない。この不思議な距離はなんでしょう。

井上　戦死した兵士のことをその戦友が書いてる感じに似てるんじゃないですか。「ここにもこういう壮絶な人がいたぞ」ということを、生き残った者として書き残しておかなくちゃいけない、というような……。

井田　同志が死んでいくという感じですね。

松山　もちろん矢野さんとしては、芸人の〝解説書〟にもできたわけですが、そういう突き放した視点でもなく、それでいてベタベタに感情移入してるわけでもない。

藤山寛美さんの章に、「死に方も藝のうち」と書いていますが、どこかそういう感じがすべてにありますね。本当に皆さん、壮絶に生き、パタッと死んでいったという感じでしょう。

井上　そこがこの本の微妙なところだと思うんです。破滅型の芸人の死がないと、矢野さんの芸が発揮できないわけですよね。ある意味では、死体を漁《あさ》って歩く禿鷹《はげたか》のような面もあるわけですよ。ところが、この本にはそんな嫌らしい面がまったく見えない。というのは、矢野さんがそれだけ芸人を愛してらしたからだと思うんですね。

井田　この本は、不思議な本ですね。ここにでてくる誰一人として死んでる気がしない。トニー谷も、伊藤一葉も、藤山寛美でさえも。これは、やっぱり矢野さんの力なのかなあ。

井上　矢野さんの中では、生きてるんでしょうね。

松山　矢野さんが話をきいた方たちの気持ちの中にも、まだみんな生きてるというのもあるんでしょう。

井田　私が生まれた家のすぐ近くに、芸人さんたちだけのアパートがありまして、うちだけ商売じゃなかったものですから、他のうちのお父さんは皆夜働きに行くのに、なぜうちだけ昼間働きに行くんだろうって思っていたんですが（笑）。

松山　普通と逆ですね。

井田　ええ。それで芸人さんの日常生活を間近でみて育ったんですが、芸人さんってほとんど笑いませんね。

井上　それは大切なことなんです。つまり喜劇俳優が舞台から下りたとき真面目でないと、舞台と普段の自分の差が分からないからなんです。

井田　なるほど。そうだったのか。

井上　それにしても、日本には、こういう破滅型の芸人たちを生活させる社会的な厚みがなくなってきましたね。たとえば昔なら浅草には小さな小屋がたくさんあって、ストリップ劇場もあったし、寄席もあった、大劇場もあった。売れないなら売れないなりに、その周辺で食っていくことができたんですね。ところが今は、無名時代からすぐテレビに行ってしまう。だから、こういう変な、しかし実に魅力的な人たちの住む場所がなくなってきてしまった。

松山　町の中で芸人さんが普通に暮らすことが難しくなってるんですね。

井上　昔、僕が浅草のフランス座にいた頃のことですが、渥美清さんが自分の出番が終わるとサッといなくなっちゃう。捜しにいくと、浅草寺の境内でタンカ売をやってた。大勢人を集めてね。それは勉強と生活のためでもあったのでしょうね。そういうモラトリアムの中で、昔は芸を鍛えていったんですけれどね……。

井田　芸人が育つためのファームが少なくなって

きたんでしょうか。

松山　これから三十年後に矢野さんの二代目となる人が出てきても、書いてもらえる芸人が果たしているのかどうか……。

佐藤清彦

『脱獄者たち　管理社会への挑戦』

青弓社／2060円

松山　じゃあ、最後の『脱獄者たち』に行きましょうか。これは、読売新聞の記者だった佐藤清彦さんが書いた、明治から最近までのさまざまな脱獄犯の話です。

井田　いつか悪いことをして、刑務所に入ることがあっても、これを持って入れば大丈夫という本ですね（笑）。

井上　いや、ほんと。刑務所は決してこの世の行き止まりではないということを教えてくれています。

松山　こんなにいろいろな脱獄囚がいたのか、と思うぐらい。最初に出てくる白鳥由栄は、吉村昭さんの『破獄』のモデルにもなった有名な脱獄者ですが、一生の間に四回脱獄したそうです。と思うと、「自分の才能を確かめてみたかった」といって脱獄する人間もいるし、念入りに計画を立てて、せっかく脱獄に成功するのに、すぐに自首して、「まるで自首するために脱獄したようなもの」という人もいる。

「脱獄宣言」にも驚きましたね。大西真砂という囚人は看守から犯罪者になったんですが、「逃走しますから、前もってご承知おかれたし」と堂々と宣言する。

井上　芝居にしたら面白いと思ったのは、脱獄囚が判事になっちゃった話です。偽名で裁判所に勤めたのだが、優秀で目をかけられて、試験を受けて判事になる。ところが、昔取調べを受けた検事にばったり会って、再び御用となった。こんなことが実際にあったんですねぇ。

井田　田中ヒモという女性の脱獄者もいいでしょう。

松山　そう、あれはちょっといい話ですよね。彼女は、毎夜刑務所を抜け出して男に会いにいき、朝までに帰ってくるということを繰り返していた。おまけに、監獄の工場から盗み出した綿などを男にプレゼントしている（笑）。

井田　まるで私の生活と同じ。原稿を書いているときは牢獄に入ってるようなもので、時々、外に遊びに出ていき、また牢屋に帰る……。

井上　それは佐藤さんのひそかな狙いでしょうね。つまり、実は私たちも、管理社会という大きな牢獄に入ってるんじゃないか、ということが身に染みてわかってくるじゃないですか。

松山　田中ヒモの場合、捕まるとすぐ反省をするところが可愛い。刑務所長に「日本の監獄官は随分うかつだと外国人にまで笑われる」と涙を流して説教されると、いっそ死んでしまおうかと思うくらい反省するんですが、また、すぐ悪事を繰り返す。

井上　なんだか耳が痛いなあ（笑）。僕の場合も今度は締め切り守りますと心から反省するんですが……。ハハハハ。ひとりで笑っていても仕方がないか（笑）。

僕がこれまでで一番感心したのは、アメリカであった脱獄事件なんです。あちらは刑務所の中でもクラブ活動なぞができるものですから、ある優秀なリーダーが非常にレベルの高い劇団を作った。それで、年に一度の発表会に、この刑務所をどうやったら脱獄できるかという芝居をやったんです。もちろん、所長には、警備が優秀なので脱獄は失敗するというシナリオを見せておくんですが、実際に芝居をやりながら、ほんとに脱獄してしまうんです（笑）。所長から、看守、受刑者の家族なども見てるんですけど、みんな芝居だと思ってますから。

松山　なるほど。心理の裏をかいたわけですね。

井上　こういう言わば智恵の勝負がある一方、白鳥由栄のように、縦二十センチ、横四十センチの視察口から、両肩の骨をはずして抜け出すという人間の体をとことん駆使した脱獄もある。

井田　おまけに、両手両足の裏が吸盤のようで、壁づたいに自由に這いまわる。

井上　どちらに感動するかというと、僕はやり肉体派の方ですね。

松山　同感です。この本にもヘリコプター使うとか大仕掛けな話も出てきますが、何といっても、体ひとつでがんばる方が面白いし、感心しますよね。

井上　脱獄はやはり個人技なんですね。鉄格子に毎日味噌汁を吹きかけて、その塩分でサビさせてボルトを浮くようにするとか、そういう手のものがおもしろい。

井田　人間の発想と根気であらゆることが可能になってくる。いくら周りが人為を尽くして固めても、そこに一人の人間がいるだけで抜け出せちゃう。脱獄した人たちは大変だったでしょうけれど、読むほうには、なにやら一筋の光明が……。

松山　「人間が作ったもので壊れないものはない」という白鳥の信念がうれしい（笑）。

井上　人間とは素晴らしいものですよ。脱獄囚は悪いことしたわけですが、同時に人間のすごさを私たちに教えてくれています。こういうと語弊があるでしょうが、脱獄者というのは人間の可能性を広げていますね。

井田　今回は三冊とも、一種の極道記ですよね。最初が食欲極道でしょ、次が芸獄道、最後が本当の極道。

井上　その通りです。三冊を束ねている主題は、〝道を極める人〟。

松山　その中でも、節みたいなものをしきりに守るんですよね。

井田　折り目正しい極道。

井上　だから楽しい。背広を着てネクタイ締めて、真面目に会社に行ってる人ばかりで世の中できているのではなく、とんでもない人も、それに参加しているということ、そのことがなぜだか私たちを元気づけてくれますね。

第7回　'96年1月号

ここに問題あり

岩中祥史

『中国人と名古屋人』

はまの出版／1500円

井田　一冊目は『中国人と名古屋人』です。題名からして「なんじゃこりゃ」と思われるかもしれませんが、というより、そう思わせるのが、この本の意図だと思います。

　これはいわゆる昨今、「トンデモ本」と呼ばれるジャンルの本の共通項で、そういった本を紹介した『トンデモ本の世界』という本が売れたり、一種のブームになっているといわれていますが、昔からこういうソフトカバーB6判は常に大衆的ベストセラーだったんですね。

　にもかかわらず、こういった本は、書評では取り上げないというお約束になっている。しかし、私はそういう本もちゃんと書評されるべきなのではないかと思って、あえて今日、持ってきました。

　とはいうものの、これは「トンデモ本」の中でも、比較的良心的なものだと思うんです（笑）。名古屋人である著者が、内村鑑三の「救済の希望絶無なる者は、知恵のある者なり。中国人のごとき、名古屋人のごとき、ほとんどこの絶望の淵に瀕するなり」という文章に出会い、なぜここまでこきおろされるのか疑問を持つところから始まります。そしていかに中国人と名古屋人が似ているかを、いろんな例をあげて書いていきます。

井上　最初に内村鑑三が出てくるので、何事かと思いました（笑）。この本のデータ自体は、まことに面白いですね。「東海銀行では、独自のクレジットカードとして『ミリオンカード』を発行しているが、その発行枚数は、他のクレジットカードに比べひじょうに少ない」とか、名古屋には、由緒あるお祭がないとか、市の中心部には川がないとか……、そういう事実には興味深いものがありました。

松山　芝居の切符が、普通S席から売れるのに、名古屋ではA席から売れていく、というのもおかしいですね。ただ、こういったデータの出典がわからないんです。「だそうである」というような伝聞も多い（笑）。その辺が「トンデモ本」の所以《ゆえん》でしょうか。

井田　初めは、名古屋人がいかに変わった人種かということを面白おかしく書くんですね。ところが、最後までいくと、その名古屋人がいかに素晴らしいかという讃歌になっちゃう（笑）。

　以前、名古屋に取材にいった時、不思議な経験をしました。タクシーの運転手さんが、こっちが困るほど、名古屋をけなすんです。「名古屋はド田舎で、車はホンダのほうがずっと性能がいいのにみんなトヨタに乗って、中日ドラゴンズだって、何の特色もない球団だし……」なんてね。ところが、降りる頃には、それがトヨタ、中日新聞、ドラゴンズの大絶讃にすりかわっている。この本には、そういう面白さはありました。

井上　そういう状況で、逆に相手からほめ言葉を引き出したいんでしょうね。こちらが卑下したことに対して、相手が否定してほめることで、コミュニケーションをとるというパターンです。江戸時代の戯作によくあるスタイルですね。卑下しているんだけれど、実は自慢話だという卑下慢なんです。

松山　ですから、それなりに面白くは読める。ただ、じゃあ内村鑑三がなぜ「中国人と名古屋人は救いがたい」といったのか、その謎は最後まで解けない。

井上　それどころか、後半になると、「中国人と名古屋人を同一視するのは、かならずしも正しくないのである」なんて書いてるんだから、マッチポンプもいいところですな（笑）。

井田　ご批判はまことにもっともだと私も思います。しかし、このような「トンデモ本」が、きちんと批評されないままでブームになる危なさは予想以上に大きいのではないでしょうか。批判とまで激しくなくても、面白さの裏にある問題点についても指摘する書評があってもよいと思うんです。

井上　そうですね。そういう意味を考慮すると、まず、内村鑑三の「（中国人は）理想に乏しく、文化が卑しくて下品であり、外見上の礼儀正しさばかり気にするあまり、その本質を見ようとしない」という結論をそのまま自分の結論としてしまったところが危ない。

内村の時代から何十年も経て、その間には社会主義に変わり、文革も起こりという具合に、激動の時代を中国は経験しているんです。そういう中国の変化を無視した結論は危ないですね。

松山　内村鑑三の『地人論』から引用していますが、あれは日清戦争中に刊行されたもので、「清国を滅ぼさなきゃいけない」と内村が思っていた時期で、日本人の視野を世界に広げようとした本でしょう。時代背景を考えれば、今の状況と同一視できない。

井上　そもそも、内村鑑三という人は非常にファナティックな人で、そういう人の発言を都合いいところだけ抜き出して、全体の枠組みに使ってしまった。内村鑑三批判まで筆が届いていたら、この本はトンデモ本どころか、大変な本になっていたんですが……。

井田　逆に俗説化している鑑三像しか知らないで読むと恐い。

松山　エドワード・サイードの『オリエンタリズム』は、オリエンタルというイメージが、西洋の言葉、語りの中に伝承され、蓄積し、作り上げられていったことを分析した本ですが、この本も、ステレオタイプを積み重ねていく感じがありますね。中国は儒教だというキーワードで単純に斬ってしまっている。

井田　ですからこういう本を読むには、他方できちんとした歴史観や知識を持っていないといけないと思うので、お二人にお聞きしたかったのです。こういった面白いけれども反面、恐い本はどんな本とあわせて読んだらいいのかということなんですが。

井上　やっぱり、魯迅でしょうか。

松山　ええ。魯迅はナショナリズムを五つのタイプに分類しています。そのひとつに「中国は野蛮な所がいいのだ」という、居直り型を挙げています。この本には、そんな感じがあります（笑）。

井上　日本と中国をずっと見つづけた中国人ですし、それに魯迅全集が出ているのは日本だけですから。

松山　竹内好さんの「方法としてのアジア」という言葉も思い出しました。竹内さんはアジアを対象としてではなく、物事を考えるときの手立てにした。似ているようで全く違う視点です。

井田　トンデモ本は、トンデモないがために、その奇想天外な面白さを一方で支える教養とともに読むべきだということでしょうね。

三好和義
『サハラ！　金の砂　銀の星』
文藝春秋／2800円

井田　次は写真集『サハラ！』です。カメラマンの三好和義さんは一九五八年生まれで、十六歳で仁科展に入選、十七歳ですでに個展を開いていて、八五年には木村伊兵衛賞を受賞している。早熟の天才児であることは疑いをいれないといっていいいと思います。

その三好さんが、サハラ砂漠を撮った写真集ですが、ほとんど人はでてこなくて、砂漠また砂漠の写真が続きます。非常にうまい写真です。しかし、芸術家の方に「うまい」というのは失礼だと知りつつ、なお、私は非常にうまい写真だと思います。

松山　たしかに大変なテクニシャンですよね。サブタイトルに「金の砂　銀の星」とありますが、これをみるともろに「月の砂漠」を思い出します。僕らが「月の砂漠」からイメージする、砂漠に対する情緒的な思いといったものを、じつにうまく写真の上に再現している。

井上　砂漠に星、月、太陽というのを配しながら、大自然のイメージをつかまえて、その中に稀に人を置くことによって、大自然の偉大さというか、すごさを見せているわけですね。ただ、それは今まで私たちの中に存在している自然観にかなり寄り添ったものではないかという気がします。それに、砂漠と女性の身体を結びつけるところなども、いかにもという感じですね。技術も印象もすごく高級ですが、基本のイメージは案外、常識的なんじゃないでしょうか。

松山　画面のつくり方も定番でしょう。七・三に分けるような黄金分割で、すべて整理されている。

井上　だから、ある意味で安心できるんですね。僕らの持っている常識的な、砂漠に対する感覚を、やっぱりそうだったのかというふうに納得させてくれる。でも、サハラ砂漠について書かれたものを読むと、危険な世界でしょう。

井田　そうですね。砂漠という土地は本当は人も狂いかねないそうです。実際は自然というものは全く手なずけられないわけですよね。たとえば阪神大震災などでも、自然は手に負えないのだということを、みんなもわかっている。人間の狂気さえも手なずけることができない。そういうことをしみじみと感じている今の時代に、たしかにこの写真集は精神安定剤であるかもしれない。

井上　この本の中では、オアシスの町を撮った見開きの写真がいいですね。夕日でしょうか、真っ赤な光の中に、木に囲まれた石造りの家々が並んでいる。この中で、どのような生活が営まれているのか、いろんな想像がふくらんできます。人間は、死ぬときにいろんな光景を思い浮かべるそうですが、この一枚はそのときの僕に出てきそうだな（笑）。とてもいい写真です。

ただ、他の写真は、そういった人間の生きている匂いが消してある。アラブ人やラクダが登場する写真もありますが、生活臭さというものはない。それが残念なんです。

井田　これに出てくる砂漠は、人工的な夢のような場所でしょう。でも実際、ポーズを取っているアラブ人は、ラクダの分までもギャラを請求していたりするんだろうなと、人の悪い私などはすぐに思うわけですよね（笑）。

井上　ですから、写真の中で矛盾を起こしてくれると、もっと面白かった。たとえば、全く人間の生活の匂いがしない砂漠の写真の反対ページには、アラブ人たちの生活用具がびっしりあったり。

やはり人間がここでも生きてる、それも、どういうふうに生きてるのかという仕掛けもほしかった。もっともこれはないものねだりの弁です。

松山　言ってみれば、これの対極にあるのが、井上さんが前に紹介された『芋っ子ヨッチャンの一生』という写真集ですね。

井田　私もそう思いました。この『サハラ！』は誰が見ても非常にわかりやすい。一見瞬間的に、すべての写真にわかりやすい意味が浮かび上がる。『芋っ子ヨッチャン……』の場合は、あれだけ記録的に撮りながら、その意味は、読者一人一人が掘り下げていかなければ出てこないものでした。

松山　ロラン・バルトが『明るい部屋』でいったように、僕は写真の魅力は撮った当人でさえ気づかないディテールだと思うんですよ。背景に写されていた、汚れた畳を見つけたときの感動。それが『芋っ子ヨッチャン……』にはありましたね。

とにかく、いろんな写真集があるので、これとは違った写真も見てほしいですよね。写真界の流れを把握してみますとね、日本では、五〇年代に、土門拳さんが「絶対非演出、絶対スナップのリアリズム運動」を提唱しているんですが、そんなドキュメント写真から、六〇年代頃には、「写真よさようなら」の森山大道さんや中平卓馬さんらが、写真は基本的には真実を写してない、写真を否定するような、ブレボケの写真をとり、「写真否定」という動きがでてきます。それは『サハラ！』のような写真への批判だと思います。荒木経惟さんの私小説的な写真もそうした批判の上に成立しているんです。

井田　音楽でも、小説でも、ファッションでも六〇年代がリバイバルしていますね。ただ、その間の三十年間の歴史となぜそういうものがでてきたかという経路を、全部素っ飛ばして、「なんかカッコいいから」だけにならないでほしい。自分が、そのような浅薄な流行反対世代の申し子だっただけに、『サハラ！』はさまざまな意味で啓示的な写真集だと思います。

ロジャー・コーマン／ジム・ジェローム
石上三登志／菅野彰子訳
『私はいかにハリウッドで100本の映画をつくり、しかも10セントも損をしなかったか——ロジャー・コーマン自伝』
早川書房／2500円

井田　最後は『私はいかにハリウッドで100本の映画をつくり、しかも10セントも損をしなかったか』で、「大衆映画の法王」といわれ、早い、安い、面白いをモットーとしたB級娯楽映画を大量生産した監督、ロジャー・コーマンの自伝です。初版が出たのは三年前ですが、その後、なかなか手に入らなくて、ようやく二刷が出ました。実質的な復刻ですので、取り上げました。

井上　面白いエピソードがいっぱい詰まった本ですね。読みながら、コーマンのもとで働いた人を書き出していくと、そらおそろしいぐらいです。コッポラ、スコセッシ、ジェイムズ・キャメロン、ジョナサン・デミ。役者ではロバート・ヴォーン、チャールズ・ブロンスン、ロバート・デ・ニーロ、ジャック・ニコルスン、デニス・ホッパー。こういう人たちがみんなコーマンのところから出てきているんです。映画好きにはじつにたまらない。

松山　ピーター・フォンダにしても、ニコルスンにしても、「イージー・ライダー」の前に、こういうところで仕事していたのかという懐かしいような感慨がありますね。

井田　ニコルスンが「リトル・ショップ・オブ・ホラーズ」で、マゾヒストの役をやっていたなんて、びっくりしました。歯を削ってもらって、

「あー、いい。おねがい、やめないで！」と喜びの声をあげるところなど、想像しただけで大笑いです。

井上　それにしても、低予算と撮影の早業ぶりには感歎しました。「リトル・ショップ・オブ・ホラーズ」は二日間で撮ってしまい、「私の最短撮影記録を更新した」なんて堂々と書いている。

松山　おまけに、前の映画の残り物をセットで撮ったというんでしょう。ハワイでは、「鯨の呪い」と「ハワイの雷鳴」という二本の映画を撮影して、「交通費を節約した」とか（笑）。

普通、僕らの中には、「ハリウッドのものはお金をかけた大作だ」という認識があるじゃないですか。だからこんな簡単に映画が作れるんだというのを読むと、どこかほっとするところがある。

井田　「巨大蟹の襲撃」なんて、もう題名を聞いただけで、低予算のきわものという感じですけど、「のちにテレビの『ペイトン・プレイス物語』に主演したエド・ネルスンが蟹のなかにはいって、俳優としてのデビューを飾った」なんていうのもおかしいですよね。

井上　脚本家に四日で書いてくれというのもすごいし、脚本を持っていくと「君も出演しろ」と、俳優としても使う。乱暴といえば乱暴だけど、こうしたやっつけ仕事から面白さが生まれてくるんですね。

井田　ある俳優は「先史世界」という映画の中で、砂に吸い込まれて死ぬ人間を演じ、その後、だれも顔には気づかないから、葬式の場面でトムトムをたたく男の役をやれと言われ、次には、落馬して死ぬ男、最後には、なんと殴り殺される熊の役までやらされる（笑）。

松山　脚本も、アドリブでどんどん変えていくでしょう。俳優が足を怪我したら、すぐに映画でそのことを利用する。そういうことができるのは、映画の文法をよく知ってるからですよ。かなりのインテリですよね。

井上 スタンフォードと、オックスフォードを出てますね。

松山 それと、脚本を書くために、ずいぶん勉強するでしょう、フランスまで行ってね。

井上 これを読んでいて、日本の斎藤寅次郎監督を思い出したんです。この監督も、B級映画を次々に作った人で、早撮りで有名でした。鬼熊という有名な殺人犯が逃亡中に、「熊の八つ切事件」という映画を五日間で撮っちゃうんですね。映画館は「鬼熊現る」って看板を出したものだから、お客さんはとうとう捕まったかと勘違いして超満員になったという話ですが（笑）。

松山 それにしても、B級娯楽映画だけをこれだけ作り続けたのはすごい。B級に徹するということは、なかなかできることじゃないですよね。

そのコーマンが一度だけ、シリアスな社会派の映画を撮るでしょう。人種差別をテーマにした「不法侵入者」という映画で、批評家の賞讃をうけ、ヴェネチア映画祭でも賞をとったのに、商業的には「初めての失敗作となった」とあって、その後、またB級娯楽映画専門に戻ってしまう。このあたりも面白いんだなあ。

井上 SFからドラッグの映画までと幅広く〝きわもの〟を撮っていますが、やはり映像作家として考えたとき、コーマンには不幸なところがありますね。

井田 彼が七〇年頃につくる会社「ニュー・ワールド」では、監督は引退したものの、B級映画を作り続けながら、他方では配給会社として、非常に質の高い、外国の作品を輸入するわけですよね。

松山 そうそう、ベルイマンやフェリーニ、「ブリキの太鼓」なども配給している。そのあたりに、映画を愛し、理解した彼の悲しみもあるようにも思うんですね。

井田　でも、分をわかまえられるのは才能ですね。B級でいることはとても辛い、というのも、不幸なことにA級もC級も両方見えて、C級に落ちることはプライドが許さないが、A級にはけっして勝てないのもわかるから。

井上　コーマンが真に偉大なのは、B級でいつづけるための装置を自分で作りあげたとこです。三二一ページには「スプラッシュ」「コクーン」等の監督ロン・ハワードの談が載っていますが、彼にコーマンはこう言うんです。「予算はすくなく状況はきびしい。だが、きみがこの映画でほんとうにいい仕事をすれば、二度とわたしのところで働く必要などなくなる」。これはそうそう言える言葉じゃありません。

井田　そうですね。私が雑誌のライターをしてたときに、こういう上司がいたら、とても慰められただろうに（笑）。うまく自分を律していくのはむずかしいですね。

井上　一つだけ注文つけますと、たとえば三六八ページの第四章の註⑿スーザン・キャボットですが、この人は僕らの青年時代のB級西部劇にはよく登場した美人スターで……。

松山　「抜射ち二挺拳銃」などですね。

井上　ええ。彼女はヨルダンのフセイン国王とのロマンスで有名だったんですが、八六年に、息子に撲殺されてしまう。註には「平凡な美人女優」って書いてありますけれど、ところが運命は平凡じゃなかった。こういうことをもっとくわしく付け加えていただければ、百点満点で百二十点の本になったんですが……。

1996年の主な出来事
1月・村山富市首相退陣（5日）。
・橋本龍太郎内閣発足（11日）。
2月・羽生善治、将棋王将戦で谷川王将を破り七冠に（14日）。
4月・Yahoo JAPANサービス開始（1日）。
・東京ビッグサイト（東京国際展示場）オープン（1日）。
7月・堺市で病原性大腸菌O157発生（13日）。
・アメリカ・アトランタオリンピック開催（19日）。
・同オリンピック爆弾テロで2名死亡、111名が負傷（27日）。

大衆社会・原爆・英雄

大井廣介
『ちゃんばら藝術史』
深夜叢書社／3500円

井上　この『ちゃんばら藝術史』は知る人ぞ知る名著、古本市などでは高値のつく幻の本だったんです。ちゃんばらの意味とその盛衰を、芝居と映画の両面から説いて、さらに時代小説にまで話が発展していく。どこを斬ってもちゃんばらばかりの型破りな本でした。一九五九年に出版されたものを、今度、俳優の佐藤慶さんが、大井さんが残した遺稿を補って復刻なさった、新刊と言ってもいい本です。

井田 ディレッタントの極みという感じの本ですね。

松山 澤田正二郎とか、阪東妻三郎、月形龍之介、あるいはマキノ省三とか衣笠貞之助とか、当時の役者、監督が次から次へと登場してくるんですね。しかも話がどんどん枝葉にいく（笑）。実に面白いんですが、その映画や芝居をほとんど知らないから、どうもよく分からないところもあります。

井上 古い映画のあら筋を、読者のことなぞ構わずにじつに詳しくやったりする（笑）。でも傑作なエピソードがぎっしり詰まっています。「日蓮大吉郎」という映画では、旗本に殺された俠客が日蓮信者だったもので、「アーラ、かっちけなや有難や」とケロリと蘇生する。昔は、常識では判断のつかない映画をつくっていたようですね（笑）。

中里介山の目茶苦茶さも面白い。なにしろ『大菩薩峠』を書いていながら、大菩薩峠に一回も行ったことがない（笑）。そのくせ、映画化に際しては細部の細部にまで徹底的に文句をつける。

井田 「あのあたりの重畳とした山岳の一つが、たぶん大菩薩峠だろうと思うんだ。私は行ったことはない」（笑）。

松山 新国劇の澤田正二郎とか、ちゃんばら映画の創始者のマキノ省三なんかも、ワンマンで目茶苦茶なんですね。そのせいで仲間割れして分裂したり、またもとに戻ったり。そんな話を実に丹念に追っかけてます。ある意味でいまのオタクですよね。

月形龍之介とか山本禮三郎、原健策とか、ある程度知ってる俳優さんも出てきて、そういう人たちの青春時代や女関係とか、子供がどうしたという話は、僕もオタク的に喜びましたね。

井上　突然、とんでもない名前が出てきたりするんです。「長三郎（嵐寛寿郎）の遠縁だという触れ込みで子役で入った少女森光子がやっと子守役をやる年齢になった」とか（笑）。

井田　大井さんのちゃんばらの殺陣《たて》への思い入れ、これが並大抵じゃないんですよね。「月形半平太」を七回見たと言うんですが、その理由は「澤正のたてが私をそうさせた」。さっきの「日蓮大吉郎」でも、「河原のたては夜景らしくシルエットに撮っていたから、枝正義郎が手がけたのだと思う」なんて……（笑）。

井上　第二新国劇の一派の立回りが「申し合わせたように体を左に傾け、刀身を逆に右に傾けるフォームを取っていた」というのはすごい観察眼です。とにかく光る観察がたくさんあります。

井田　よくプロレス・オタクというのは、何年何月何日のどこの試合で、誰と誰が試合開始何分後にどういう組み方をしたかというのを、みんなであてっこしたりしている。私は冷たい目で見てましたが、それとそっくりですね。

松山　大井廣介は、九州の炭鉱王・麻生家の一族なんですね。一方で、戦前から平野謙や荒正人、埴谷雄高たちと親交があった。この四人は坂口安吾の『不連続殺人事件』に的外れの推理をする役で登場しますね。

井上　戦後はかなり早くから日本共産党を批判しています。いってみれば新左翼の始まりみたいな人。ですから、ただのオタクではない（笑）。

「鞍馬天狗は日和見主義者である」という説が出てくるでしょう。「『鞍馬天狗』は戦時中まで尊王攘夷派であった。……日本が占領されると、天狗は攘夷などとは対蹠的な文明開化の先覚者然となった。鞍馬天狗はオポチュニストである」（笑）。

井田　御曹司だからでしょうか、こわさをまったく知らないでしょう。ある意味で、ふつうならできないくらい激しくて広範囲な比較をする。小説の神様と呼ばれた志賀直哉なんて、もうケチョンケチョン。

井上　「綴方こそ上手だったが、敬老主義は程々にすべきで、あの作家にかかずり合い、わが国の小説はどれほど道草を食ったかしれない」。あたってる所もあるんじゃないかな（笑）。

井田　かと思うと、白井喬二の『富士に立つ影』をドストエフスキーを出して論じたり――。

井上　ドストエフスキーを読んで、次に『富士に立つ影』を読んで、それを大真面目に比較する。そういう面白さがありますね。

井田　どんどん連鎖していって、ロシアの文豪から剣劇まで触れるというのは、なかなか豪快ですよね。

　あらゆるところに投網を気ままに投げて、二十世紀大衆芸術を、自在に書いたんだなというのが分かりました。ドストエフスキーも、志賀直哉も、大河内伝次郎も、眼玉の松ちゃんも、全部一緒に、この人の中では生きてたんでしょうね。

井上　芸術が大衆化する過程で、とんでもないことが映画や小説で行われたというのがよく分かる。そこがこの本の値打ちでしょう。ただ、この人はぜんぜん大系的じゃない人ですが（笑）……。

井田　ただ、どこか逼塞《ひっそく》感があったんじゃないかと感じました。社会の流れに対して棹をさしたいけど、させない。埴谷雄高や平野謙、荒正人なんかと遊ぶけれど、その裏に一種の虚無感みたいなものがある。それを支えていたのは、左翼に対する複雑な思いのようなものだと感じます。

松山　大衆芸術を高く評価する一方で、大衆は啓蒙されるものではないという意識が、彼にははっきりとありますね。大衆に媚びる芸も、厳しく批判するでしょう。女剣劇などは、まったく評価してませんよね。戦後のちゃんばら映画もバッサリ。

井上　象徴的なのは長谷川伸に対する厳しい目ですね。一宿一飯の恩義に報いるには、他人を殺してもいいという枠組を発明した長谷川伸はけしからんと、かなり厳しい批判をしてるでしょう。

井田　高次元のナンセンスなものには高い評価を与えて、殻の中で小細工しようというものに対しては、それが志賀直哉であろうと、長谷川伸であろうと容赦ないところがある。

井上　二十世紀は大衆の世紀で、それまで一握りの人たちの持っていたものを、大衆が自分たちのものにしてしまう大きな流れが始まっていた。その代表選手である映画の流れを理屈じゃなくて、鋭い感覚で摑まえて書いた。この本はその証拠品ですよ。

井田　それにしても、私もちゃんばら映画見たかったなぁ。せめて「浪人街」くらいは……。最後にそんな気持ちを起こさせる本だから素敵ですね。

那須正幹【文】西村繁男【絵】

『絵で読む　広島の原爆』

福音館書店／2500円

井上　次は『広島の原爆』です。絵本なんですが、文章を書いている那須正幹さんは『ずっこけ三人組』シリーズという、児童小説のベストセラー、ロングセラーの作者です。この方が広島生まれで、児童文学で広島を書きたい、でも書けない。そこで、絵描きさんと協力してできるだけ分かりやすく、しかもコンパクトに、広島に落ちた原子爆弾

というのは一体何だったたか、その後何が起こったかというのを書いた。
　私たち日本人は、唯一の被爆国の国民であると言っていますが、原子爆弾がどんなものか正確には知らないんですね。そこでこれは、大人が読んでも知識を整理するのにいい本だと思いました。

井田　日本人の核に対するイメージって、「原爆＝広島」と括ってしまって広がりようがないところがありますよね。それが核を考える上で不毛な逼塞感を生んでいる。それを破るいい本だと思いました。

松山　被爆したことで、日本人は免罪符みたいなものを逆に持ってしまって、原爆が一体何であって、それによって何が起きたのか、客観的な事実として知らないことが僕らにはずいぶんあります。
　この本は、絵の一枚一枚が記録や証言を元に、被爆前、被爆後の広島の町を忠実に再現して描かれています。そのディテールをずーっと見ていくと、一つ一つの姿に全部事実があるわけですね。
　小学校の校庭に長さ二十五メートルの壕を何本も掘って、たき木をしいて、ガソリンを撒いて死体を焼く画面があります。死体を焼くというのは、頭では分かってたんですが、これを見たとき、無性に悲しかった。絵と証言とを照らし合わせると、無慈悲なほどに何が起きたかよく分かるんです。

井田　死者を鳶口《とびぐち》やワイヤーで引きずって運ぶ人たちの絵がありますけど、ああそうか、こうやってしか運べなかったんだ、と実感させられますね。建物が燃えると、最上階から煙は出ていくものなのか、と気が付いたり、絵本と言ってもパッパッと読み飛ばしていけない重みがありました。

松山　やっぱり一人一人の人間を一生懸命描いてるから、記憶を頼りにして、建物と町を全部再現させようとしているから、絵に力があるんですよね。
　ある被爆者が下絵を見て、「平和教材なのでしょうが、私には懐かしい風景です」と感想を述べたとあります。懐かしさに到達してるというのは、この絵本の力じゃないかと思いますね。
井田　戦争の罪がどうのこうのとか、核の悲劇を二度と繰り返してはならないとかいった決まり文句より、このディテールへのこだわりひとつのほうが強い説得力をもちえるんだな、と感じました。
松山　我々には、核に対するアレルギーと同時に、「反核」というものへのアレルギーも気持ちのどこかにあるでしょう。ですから、「原爆物」の本を読むと、どこか違和感を感じることがあるんですが、この本は、ともかく何がどのように起こったのかという原点に戻してくれる。事実の深さがありますね。
井上　おっしゃる通りなんです。「ノー・モア・ヒロシマ、ノー・モア・ナガサキ」と、ただ口で言っているだけでいいのか、という思いが常にあるんですが、口で唱えるにしても、なにやるにしても、とにかく事実が大事。この本はその事実を冷静に、きちんと書いています。
　爆弾を落とすときの照準器の絵がありますね。照準の中心は、町のまん中の相生橋を狙っている。日本が「原爆」というと、アメリカは「パールハーバー」と反論してきます。そして論議が共倒れになってしまう。しかしこの絵は、パールハーバーは軍事施設だから攻撃された。それに対して、原子爆弾は、完全に民生の中心に落とされた。だから爆撃の質がちがうと語っていますね。
井田　「43秒後の午前8時16分、投下目標地点より約２８０メートルはずれた細工町十九番地島病院の上空５８０メートルで炸裂しました」というのも、だからどうだとひとことも言ってませんけど、読み飛ばせない三行でした。

松山　那須さんは、「現在、公表していないまでも、核兵器を保有、または開発中の疑いをもたれている国は、何カ国にもおよんでいて、日本もその中にはいっています」とも書いています。かなり厳しい書き方だけど、日本を見る眼はその通りでしょうね。

井上　ええ。ポツダム宣言についてはこんな記述もあります。「日本政府は、天皇の身分について の保証がないことにこだわり、宣言を黙殺することにしました」。これはすごい二行ですね。つまりポツダム宣言の中に、天皇制を保証するという一条があれば、日本政府は受け入れたはずなんですよ。それを承知で連合国側は天皇の身分の保証を抜いて宣言を突きつけてきた。天皇制維持にこだわって受諾が遅れる中で原爆が投下された。一方、アメリカは、原爆をどうしても使ってみたかったために、天皇の身分保証の条項をポツダム宣言から外していた——。

歴史にイフは禁物ですけど、日本の降伏がもうちょっと早ければ、広島・長崎はなかったかもしれない。そういうもの全部を含んだ二行です。絵も文章も、含蓄がありますね。

井田　客観的ですけど、重い。

松山　なんといっても絵が力強い。資料として写真などを参考にしているんでしょうけど、絵の力というのはこんなに強いのかと思いました。決して芸術を志向していないからなおさらです。

井上　こういう本が外国に紹介されるといいんですが。九五年に読んだ本の中では、これはベストワンだと思っています。すべてはこの薄い一冊の絵本から始めなきゃいけない、と痛切に感じました。

文藝春秋編
『Ｗｅ♡Ｎｏｍｏ！
アメリカ現地紙はこう報じた』
文藝春秋／1900円

井上　最後は『Ｗｅ♡Ｎｏｍｏ！』です。アメリカの新聞がいかに野茂について報じたか。野茂の登板した全試合についてドジャースの地元ロサンゼルスの新聞と、対戦相手の地元紙の記事を集めています。

なによりも感心したのは、アメリカのスポーツ記事っていいなあ、ということでした。文章がべたべたしてない、しめったセンチメンタリズム、それから事大主義とは関係がない。代わりにあるのは、良質なユーモア。

松山　やっぱりユーモアの感覚がずいぶん違うなあという感じがしますね。

井上　なにより選手、監督の談話が面白いでしょう。紅白戦で野茂と対戦した選手が「センターへ投げるつもりなのか、ホームプレートに投げるつもりなのか、わかんなかった」なんて言う。これだけで野茂の投球フォームが変っていることが分かる。

それから、「アトランタ・ジャーナル」という新聞は、「大勢の記者団の前に姿を現した彼は、これまでに彼が放ったヒットの数のように、口数のほうも少なかった」なんて書いてる。こういうところがうまい。こういうことは、わが方の新聞もちょっと工夫するとできそうですが。

井田　しかも冷静に書かれてるんですね。褒めるときは熱狂的で、悪口を言うときは冷静かつユーモアを加える……。

見出しの付け方もうまいでしょう。シーズン後半で野茂の爪が割れますが、日本だったら「ガラスのツメだ」とか何とか、悲劇的に書いちゃうと思うんですよね。ところが「ロサンゼルス・タイムズ」の見出しは、「野茂のツメ割れはナイト（騎士）の甲冑に入ったヒビだ」。

松山　日本では駄洒落ですからね。新聞記者は、あれにほとんど神経を費やしてるんじゃないかなぁ（笑）。

井上　ときどきなにがなんだか分からない見出しもありますが。

松山　もう一つは、日本のスポーツジャーナリズムは、どうも家族を背負ったりして、選手を精神的なマッチョに仕立て上げる感じがするんですよ。比較してよく分かりましたね。

井上　野茂が勝つと、「五島列島のおばあちゃん」を必ずひっぱり出してくる（笑）。

松山　メッツ戦で「ニューヨーク・ポスト」が野茂を叩くでしょう。「メッツは生魚を食う、とっぴな投球フォームの野茂選手にはてこずらなかった。彼が投げた6イニングのあいだのファンの熱狂など、胸が悪くなるだけのカラ騒ぎだ」。メッツファンとしては敗けたから癪に障るわけです（笑）。でも、こういう記事によって、野茂というのが一人の野球選手として認められていく過程が、かえってよく分かります。

井上　なるほど。

松山　最初、野茂に関する記事は、ドジャースの韓国人投手、朴贊浩と較べられたり、三十年前の大リーグ初の日本人投手、村上雅則さんが持ち出されることが多かったでしょう。それからメキシコ出身で英語を話せなかったバレンズエラ投手と比較される。

　ところがだんだん、他の人を持ち出して論じた記事は少なくなっていくんです。つまり「野茂は、他の誰でもない野茂なんだ」ということが理解される、それが分かる本なんですよね。アメリカのジャーナリズムも、「野茂という奴は、一人の偉大な大リーガーである」ということを踏まえた書き方になっていくんです。

井上 日本人は、野茂が活躍するとすぐに応援団を作って、日の丸を振ったりするでしょう。どうして野茂を日本人の代表みたいにしちゃうのかな。さっき松山さんがおっしゃったように、「野茂は野茂」なんですから。国技館で曙が出たとき、星条旗を振るアメリカ人はいない（笑）。

アメリカ人が野茂を受け入れたのと較べると、我々は国技館の外国人力士に対して度量が狭いですね。小錦も曙も、話を聞いてもユーモアがあるし、楽しそうな人なのに。それを受け入れまいとしているみたいです。

井田 だから、野茂には絶対に国民栄誉賞なんて与えてもらいたくない。ある種の日本人、日系人は喜ぶでしょうが、あんまり健全な喜び方じゃないですよね。菊池寛賞がちょうどいい（笑）。それにしても、いい人が出てきてくれたものですよね。

井上 野茂もイチローも、ウケようとしない、媚びようともしない、それより仕事を見てくれという態度がステキです。いい傾向ですね。

井田 私は野茂が近鉄に入団したときの記者会見が忘れられないんです。「一言で、自分はどういうふうな選手だと思いますか」と聞かれて「牛……」と答えたんです。「あっ、バファローズですから、猛牛という意味ですね」「いえ、そのあたりにいるただの牛」って（笑）。

松山 どこかサラリって風が吹いてる感じがするんです。爽やかで、力投型なんだけどもそう見えないんですね。イチローも、そんな印象がしますね。マッチョじゃないタイプのスポーツマンが、少しずつ出てきたなって感じがするんです。

井上　イチローにしても中性的ですね。

松山　僕は、子供の頃も、チームではなくて、中西とか、稲尾、王といったスターに憧れてたんですよ。そういった、野球の個人のスポーツとしての魅力をまた見せてもらったような気がします。

二人とも特徴のある打ち方だし、投げ方でしょう。やっぱり名選手は、自分のオリジナリティーを持ってますね。王や落合、村田兆治、近藤和彦なんて、みんな型破りでへんですよ。

井田　日本人が無個性だなんて、嘘ですね。へんてこで、ガンコだからプロになるんだし。

松山　それが集まってチームになるから面白いんで、みんな同じだったらつまらないですよ。

井上　僕は日本人ダメで、向こうがいいって言いたいんじゃないんです。スポーツジャーナリズムの文章論として、アメリカの小道具の使い方のうまさやユーモアのうまさなどを取り入れたら、新聞のスポーツ欄を読むのがうんと楽しみになるだろうなと思っているだけ。

松山　日本じゃ、巨人の記事ばっかり（笑）……。

井上　向こうの野球ファンは幸せですよ、面白い記事が読めるから。これはほんとにいい教科書ですね。

頭の洗濯、心の掃除

八木幹夫
『野菜畑のソクラテス』
ふらんす堂／2300円

松山　井上さんが以前、売れない本の代表として戯曲を挙げられましたが、いまや詩集も同類だと思います。大書店でも、詩集のコーナーは片隅に追いやられて、あっても戦前の詩人の詩集が大半。「現代詩は難しい」という先入観があるからでしょうね。複雑化している現代社会の中で詩人が自分の言葉を探していくとき、難解な言葉が出てくるのも当然という部分はある。

ところが、この八木幹夫さんの『野菜畑のソクラテス』は、実にストレートでわかりやすい。大根やかぶ、かぼちゃなど日常的な野菜を題材にし、読むと元気が出るような詩を書いていらっしゃいます。春の野菜からはじまり、再び春で終わっているのも初春にふさわしいので選びました。

井上　私たちが詩を敬遠しがちなのは「それがどうした」という感じを抱いてしまうからなんですね。もちろん、考え抜かれた言葉で言語表現の最先端を切り開いていくというのが詩のすばらしいところですが、それが日常とは関係ない言葉、関係ない次元で行なわれていることが多いという印象があります。それでつい「それがどうした」と言いたくなる。

ところが、この詩集は、我々が営む日常生活、単純なことの繰り返しだけれど、ひとつひとつがとても大切な生活というものに入ってきています。そして読者に、日常を発見させる。つまりなんでもない日常を宝石に変えてしまう。そこがすてきですね。

松山　ユーモアがありますよね。たとえば、冒頭の「だいこん」。「なに　生き方を変えろだって／ふざけんじゃねいやい」というような、べらんめえ口調で大根が啖呵を切る（笑）。

井上　大根と大根役者と大根足といった、日本人なら必ずわかる連想、つまり、日本人としての記憶の積み重ねをうまく取り入れている。こういう詩は子どもから大人まで楽しめますね。

松山　井上さんがおっしゃったように、現代社会に生きる僕らは、結論を急ぎ過ぎるところがある。詩は、結論ではなく、本来言葉が持っている〝膨らみ〟を楽しませ、世界を見る眼を変えてくれる。この詩集はそういうことを思い出させてくれます。

井田　その膨らみをさらに豊かにするものが朗読だと思うんですが、往々にして〝立派〟な詩は朗読されると、ますますわからなくなっちゃう（笑）。でも、この詩集は朗読するのにピッタリですね。「道草食って／そのままぼくは帰らない／スズメノテッポウ／ヤブガラシ」なんて、合理的には全然つながらないけれど、一度覚えてしまったらそのフレーズが肌にあって離れがたくなる。詩には、そういう口語体での言葉遊びの力というものがありますね。

井上　日本人の最大の才能は「見立て」だと思うんですが、それを実によく生かしているでしょう。「葱」という詩が、僕は大好きなんですが、

「葱はもう永いこと／脇役を演じて久しい／朝の納豆／夜の湯豆腐／蕎麦の薬味／焼き鳥の肉と

肉のあいだ／葱一本で独立するべきときが来ているんだ／ねえ　そうだろう／ねぎらいの言葉もきかず／葱はだまって／まっすぐに背筋をのばしたままだ／（土の奥深く白く長い根を隠して）」

うまいですねえ。「蕎麦の薬味」までは、ある意味ではパターンですが、「焼き鳥の肉と肉のあいだ」なんて、たしかに少し焦げて、力なく挟まれている様がいかにも脇役という感じでしょう。「独立すべき」なんて言われても、葱が困ると思うけど（笑）。葱が一本で立っている姿形がすっと想像できて、実にいい。「ねぎらいの言葉」という軽いごろ合わせも効いている。そういう遊びが、美しい葱の姿を浮かび上がらせている。

井田　私、「枝豆」が好きなんですが、「種を蒔くときには／注意せよ／敵は地上にいるとはかぎらないぞ／電線／屋根の上／木のてっぺん／ランドサットは宇宙から／畑仕事のあいまに／立ち小便するぼくの／くたびれたおちんちんだって／見えるというけれど／あいつはもっとすごい／ぼくのいなくなったころを／みはからって／一直線に飛んでくる……」。飛んでくるのは、さしずめカラス。

井上　読者は最初、「何言ってやんだい」と思うかもしれないけど、次の「敵は地上にいるとはかぎらないぞ」という一行で、ガッと構造を打ち立ててしまう。

「くるみ」という詩がありますね。「青空のまんなかに／その木はあって／黄色い大きな葉は／ほんのすこしの／風にさえ／おどろいて／落ちて来る／永かったんだ／地上に落ちるまで／痛いかしら／痛くはないだろう」。最後の一行がいいな。

松山　ええ、木から離れて地上に落ちるまで、ほんの一瞬ですが、その中に永遠に思えるほどの長い時間を見つめてますが、それだけでは少し月並。

井上　普通は「痛いかしら／痛かったろう」で落ち着くところを、これはすごい空間を見つけてきましたね。「痛くはないだろう」で、もう一度元へ戻すんですけれど、読者が引きずり回されて元へ戻ったときに、そこには違う空間が立ち上がっている。

井田　「らっきょう」には、清水哲男さんの有名な現代俳句「愛されず冬の駱駝を見て帰る」が引用されています。この句自体は、すでに新古典と呼びたいほど完成されているのに、その格調を壊すことなく、うまく崩す。たとえばこの句の後に「らくだの背中で男はぽつり／「塩漬けのらっきょうが食いたいなあ」」なんて（笑）。

松山　歯ぐきにしみる酸っぱさかなぁ、妙に納得できるんですね。

井上　文学者や詩人の役割というのは、恋をしたり、けんかをしたりする庶民の話し言葉を、書き言葉に練り直して永久にとどめるということでしょう。そうやって口語を練り上げ、鍛え上げた時、一国の最もいい文学言語が誕生する。この詩集は、そんな可能性を感じさせてくれます。

松山　口語的な言葉を効果的に使ってますよね。いい耳と肌を駆使して日常を感じ取る。そういう感性をわかる言葉で、違った世界を見せてくれたと思います。

井上　バーで飲みながら、カラオケなんかじゃなくて、こういう詩を暗誦するような光景があったら、日本もいい国だなあと思うんですが……（笑）。うん、「葱」は絶対暗誦しよう。

尾嶋　彰
『パリふんじゃった　花の都の奇人たち』
文藝春秋／1700円

松山　次は『パリふんじゃった』です。著者の尾嶋彰さんはフランスに二十五年滞在している建築家で、パリで知り合いとなった数多くの人々の話が綴られています。貴族の末裔や、孤独な大富豪、ドラキュラを思わせる老歯科医といった人たちをめぐる、「本当なのかな」と思うほど驚くべき話が続々出てきます。その中で、フランスという国の歴史、人々の気質、どんな制度でできている国家かが、自然とわかるように書かれています。実に面白くて、どこか怖く、哀しいパリの人物伝です。

井上　文章、内容、すべて含めて、これは第一級品ですね。小説として読んでも、いい出来ばえのものがあります。

井田　サブタイトルは「花の都の奇人たち」。私は、ほんの数回ヨーロッパに行った経験しかもちませんが、あのパリの荒涼とした闇の深さには、こういう奇人が確かに棲みついているだろうなぁというのが、第一の感想ですね。

松山　旅行者などには、なかなかうかがいしれないパリの奥深さですね。著者の尾嶋さんが建築家だからこそ書けたという面があると思います。

僕も建築をやってましたからわかるんですが、建築家には、その家の内情が実に細かく見えてしまうんですね。依頼主の趣味もわかる、教養もわかる、家族関係、家計の状態までわかってしまう。

さらにヨーロッパには街の保存問題があって、古い建物を壊せない。外観を保存して、中を改装するのが建築家の主な仕事になるわけですね。そういうところからも、パリに住む人々に深く接し、歴史の奥深さに触れることができたんじゃないか、という感じがします。

井上　あちらはなにせ部屋を改装したりすると、天井の梁の中から金貨の袋がでてきてしまったりするらしいですから（笑）。

松山　何代もの歴史が詰まってますからね。「フリーメイソンよ　おまえもか」に、電気もガスも、麻酔も使わないという歯医者さんが登場しますが、あれはすごいですね。そんな生活をしながら、ちょっと金が入り用だからと、家に伝わるロダンの習作を売ろうとする（笑）。

井田　なぜ、あのようなお金持ちの伯爵が旧態然とした歯医者ごときを開業しているのか。私にはわからない。

井上　しかも、「わが家の置物のなかで、一番値打ちが低いのはロダンの彫刻だから」というんですからすごい（笑）。

「さらば　屋根裏の賢人」では、建物全体の大改装で、六階にいる老人だけが同意しないので、その部屋だけ残して改装する。老人は、工事の騒音の中、宙に浮いたような六階の、暖房も切れた部屋に居残ります。そしてある日、老人が部屋で死んでいるのが発見されるのですが、筆が次第に、その老人の人生そのものに迫っていくでしょう。みごとなものです。莫大な貯金が残っていて、係累を探していくと、愛する男に宛てた手紙が出てくる。彼はゲイだったんですね。

井田　一番凄にして奇なのは最後の「哀れなり女富豪」でしょうか。

松山　ロアルド・ダールの〝奇妙な味〟のサスペンスという感じですよね。

井上　大富豪の娘で、幸せな生活をしている女性が、腹違いの妹と遺産争いをする。妹のテレサは、梅毒の後遺症で外形がひどく変形して、小さい頃からいじめられて育っているので、性格も扱いにくく、弁護士までが匙を投げている。

ところが、読み進むうちに、このテレサという人に次第に読み手の気持ちが移っていくんですね。最後には、この醜いひねくれた女性に、魅力を感じるまでになってくる。このあたりは、つくづく筆の力ですね。

松山　終わり方も、真実なんでしょうけど、うーんと唸りましたね。

井上　フランスでは、法律そのものが人間ドラマを産むように仕組まれてる気さえしますね。「赤ん坊は国家の所有物」という一篇があります。日本人女性が日本人男性との間に赤ん坊を産むんですが、男はその子を認知しようとしない。こんな場合、フランス政府が名義上の親となり、母親から子どもを切り離して、福祉施設で育てるという法律があるらしい。つまり、国家が親になる。これはちょっと想像できない法律ですね。

松山　母親は子どもを施設から連れ出して逃げ回るんですが、これが誘拐罪になる。

井上　最後も、小説だと、彼女は子どもと一緒に日本に帰ってくるというところで終わりですけど、これはそうではない。きびしい、辛い結末で、それでかえって母の愛が浮かび上がってきます。

松山　テレサにしても、彼女にしても、パリという所は、自分を守るためには戦わなければいけない街なんですね。老人は、たったひとりで生活していかなければいけない、辛い個人主義の世界でもある。

井田　私、ほんの一カ月ぐらいですが、欧州を旅したときに、ヨーロッパの都市独特の老人の顔があると感じたんです。具体的にいうと、彼らは口をへの字に曲げて、関節炎のために丸太のように膨れた足に木靴のような固いクツを履いて、それでも「誰の手もかりないぞ」といった表情で歩いているんです。

井上　そうやって誰の助けも借りず、自分の死とまともに向き合っている老人たちの態度は、なかなかのものがありますね。

井田　潔いし、哀しいし、怖いし、偉いですね。老人になればなるほど成熟していくのでしょうけれど、成熟は孤独にもつながる。未熟な私は、そういう老人の顔を直視するのが、正直、苦手なんですね。その人のたどってきた時間の重さに圧倒されるような気がして……。

松山　そういった人間の時間、街や建物の歴史の重さは、この本からもひしひしと伝わってきますね。

井上　これ一巻で百巻のパリガイドと優に対抗できますよ。

杉田英明
『日本人の中東発見
逆遠近法のなかの比較文化史』
東京大学出版会／2678円

松山　最後は『日本人の中東発見』です。杉田さんは比較的お若い方ですが、『事物の声　絵画の詩』という一冊目の本を上梓して、こんなに学識のある人がいるのかと多くの読者をびっくりさせました。この本でも、知らなかった事実は次々出てきます。古代から第二次大戦前までの間に、日本人がいかに中東を見てきたか、同時に、中東の人たちが日本をどう見ていたのかを論じたものです。サブタイトルに「逆遠近法のなかの比較文化史」とありますが、まるであわせ鏡のように、日本人が外国を見ているだけじゃなくて、日本人も実は厳しく、あるいは誤って見られているということがわかってきます。

井上　僕の直感で言うと、二十一世紀はイスラムとキリスト教のぶつかり合いになってくると思うんです。じゃあ、イスラムとは、中東とは何かということになるんですが、何を読んで、どうそこへ近づいていいかわからない。この本は取っ掛かりとしてはじつにいい一冊で、一見遠そうに思える日本と中東とが一挙に接近して見えてきます。

松山　日本も中東も相手に対して、全く同じ誤解をしていたというのが面白いですね。九世紀ごろの文献に、日本は「ワークワークの国」として登場し、その島には、人間の顔の実がなる人木があるという話が、中東で信じられていた。ところが、日本でも、アラブにまつわる不思議議譚として、そういう樹木の話が流布していたというんです。

井田　日本と中東は、虫のいい誤解から、とんでもない悪意に満ちた誤解までを繰り返しながら、お互いに接近してきたなと思った途端に、ずれていく感じがありますね。

松山　そうなんです。たとえば、明治の条約改正の際、外国人を裁く権利が問題になります。漸進的に変えようと、外国人裁判官も加えた混合裁判所を設けるという案も浮上する。実はそれは、エジプトで実際に行なわれていたんですね。そこで日本の使節団がエジプトに調査に行く。当時、西欧列強に対する日本の立場はエジプトと同様の位置にあったわけです。

ですから、イギリスに対するエジプトの民族主義運動であるウラービー運動に、多くの日本人が共感している。運動を指導したウラービー大佐がセイロンに島流しにされると、何人もの日本人が話を聞くために訪れて、記事や小説にした事実もある。

ところが逆に、日露戦争に勝った日本は、今度は西欧に並ぶ帝国主義国家として、いかにイギリスがアラブを支配したかというノウハウを学ぼうとする。一方で、エジプトやトルコの人たちはロシアに勝った日本を、民族独立の鑑《かがみ》のように思い期待した。明治天皇がイスラム教に改宗するという噂も流れている。実に皮肉なズレが生じてしまうんですね。

井上　それが、昨今の閣僚の失言にもつながっているんじゃないでしょうか。日本が開国したとき、その当時ヨーロッパで流行っていたものを無批判に、いわば「善」として受け入れてしまった。歴史には文脈があるので、批判しつつ受け入れる方がいいのですが、たまたまそのときに隆盛だった帝国主義を勉強してしまったわけです。それがついこの間まで続いていた。

僕の弟は鶏のヒナの雄と雌を見分ける鑑別士をしてましてね、ある時、トルコに呼ばれて向こうで仕事をしていたことがあるんです。あちらでは、日本人と見ると、「トーゴー、トーゴー」と大変親しげに呼ぶらしい。これを読んで、その理由がわかりました。ナショナリズムと宗教が一緒になった、実に深いところから、弟は「トーゴー」と言われていたんだ（笑）。

松山　トルコはロシアとの戦いで負けているので、なおさら、日露戦争における日本の勝利が、重要だったんでしょう。

井上　それと、中東から見た日本で面白いと思ったのが、サッハーフバーシーとヘダーヤトの対照的な日本紀行です。ヘダーヤトはイランの文人政治家ですが、一九〇三年に来日している。彼は紀行文の中で「日本人は高潔で清潔で洞察力が鋭い。日本には乞食がおらず、心付けの制度がない」と非常に好意的なんです。一方、サッハーフバーシーは「日本人はまだ人間性の段階に達していない。この船には何人か日本人がいたが、食事時にテーブルでずるずる・ぴちゃぴちゃと飲み食いの音を立てて、ヨーロッパ人の驚きの的になっている。またとても大きな声で話したり笑ったりもする」と批判的に書いている。

井田　大声はいまだに変わりませんよね。特に携帯電話のときなんか。

井上　そうなんです。どっちも当たっているところがあって、変わらないなあと思いました。こういう笑い話で展開できる部分と、こっちの世界観を変えるような深い部分、この両方がこの本にはありますね。

井田　私が驚いたのは、浦島太郎がアラブに伝わっていたということですね。浦島を一方の鏡に、「エフェソスの七眠人」という中東に伝わるキリスト教の聖者伝をもう一方の鏡にして書かれた『洞窟の人々』を読むと、今まで私たちが知っていた浦島とは違った側面が出てきて、深々と美しいトーンの話になります。

井上　ハキームの『洞窟の人々』という芝居に関する杉田さんの見方にも、感心しましたね。つまり、ヨーロッパ文化の大もとになっているギリシャ悲劇やフランス古典悲劇において、重大な主題は人間と運命の対立です。それを劇作術としては、人間と時間との対立に置き換える。結局は悲劇ですから、『オイディプス』のように人間は時間につぶされてしまう。

しかし、杉田さんは、この『洞窟の人々』という戯曲から時間を乗り越える方法があると読み解く。実はこれがこれからの世界の大問題で、中東も含めてアジアの人たちが持っている、合理主義じゃない、何かもっと懐の深いところに時間を乗り越える可能性があるとおっしゃっている。これは卓見ですね。

松山　この浦島伝説は、ラフカディオ・ハーンから伝わったらしいというのも、面白いですね。ハーンという人は、そういう日本人の時間を超える霊魂観に魅かれたわけですから。そうした感性が日本から消えていき、中東にこういう形で残っているのは興味深いです。それにしても、この先生はたくさん資料を読んでますね。ガタリまで読んでいる。

井田　と思うと、絵本の話があったり、日本の地下鉄の広告に使われたラクダが出てきたり、ハリウッド映画が登場したり、何でもありという感じ（笑）。この筆者はものすごい知的胃袋を持っておられる。

井上　私たちは、自分を取り巻く世界を、ある固定した枠組みで見ていますが、こういう本がでてくると、それが再編成されますね。頭の洗濯石鹼のような本です。

井田　歴史というのは、やはり人間が背負っているものなんですね。それは本当に基本的なことですが、歴史が人間を超えて別の枠組みとしてあるのではない、とつくづく感じました。

混沌から発して

『ぼくはこんな本を読んできた』

立花 隆

文藝春秋／1500円

井田 まず『ぼくはこんな本を読んできた』ですが、中学三年生の時の読書記録から、退社の弁、読書論、「本の話」の創刊号に掲載された読書歴のインタヴューなど、本を通してみる立花さんの像が多角的に浮かび上がるような構成になっています。私自身、以前から立花さんにとても興味――というと失礼でしょうが――汲み尽くせぬ愛着好奇心というようなものがあったので、今回、取り上げてみようと思いました。

それにしても、驚かされるのは、立花さんの読書の仕方で、質量ともに大変なものです。この読書法を忠実に真似したら、どこかがパンクしてしまう人もいるのでは？ テレビで「危険ですから、おうちでは絶対真似しないでください」というテロップが流れますが、この本も、そのステッカーを貼った方がいいかもしれません（笑）。これは冗談ですが、それくらい、立花さんの読書方法は、凡人離れしています。

しかし、普通「自分はこんなに本を読んできた」ということを書くと、多少の自慢も入ってきて、厭味な本になると思うんですが、立花さんの場合、全くそういう感じはないですね。あるがままの事実を記したら、それが結果的に凡人離れをしてしまったので、自慢などという意識とは関係がない。実際、本文中で、自分はこのような知的好奇心を一般にすすめたいとは思っていないとおっしゃっているくらいですから。

松山　たしかに、読書歴を語ると、自分の教養をひけらかすようで、読んでいても居心地の悪い感じがします。でも、これだけ雑多でしかも大量の読書歴をさらけ出されると、かえって清々しい気さえしますね。

井上　今は、世界でも日本でも、これまで通用していた枠組みが崩れてきました。つまり、これから何を基準に生きていけばいいかわからない混乱時であるわけで、そういうときに、実にタイミングよくこの本が出てきました。野口悠紀雄さんの『「超」勉強法』、少し前の大学の先生がたの書いた『知の技法』といった本も、知の再編、世界の再構築のための本で、だからこそよく売れた。ベストセラーというのは、理由なく出てくるものではないんですね。

松山　『「超」勉強法』も勉強ができるような気になるというのがポイントでしょうけれど、この本も読めば立花隆という人物になれるような錯覚が起きるんですね。四週間でどんな外国語もマスターできたり、最先端科学もわかってしまう気がする（笑）。

井田さんのいうように危ないと思ったのは、この中に出てくる本を読まないで、読んだ気になってしまうだろうということです。これは立花さんの主張とは逆ですので、原典の本は買って読んでほしいですね。

井上　立花さんはいい意味の奇人でしょう。奇人というのは何かが極端に過剰な人間のことですが、立花さんの場合はまず好奇心、そしてユーモアでしょうか。
たとえば「ぼくの秘書公募、五〇〇人顚末記」では、年齢学歴不問、主婦可という条件で秘書を公募したら、五百人以上の応募があった。その際、立花さんは実務能力の試験で、電話番をさせるわけです。知り合いにわざと妙な電話をかけてもらい、その対応を見る。この文章は面白いし、立花隆という人物がよく出ています。

松山　ええ、どこか変。普通の人は、本を読むにも努力しますが、立花さんにはそれが快楽なんですね。ご自分のことを異常知的欲求者と規定していらっしゃいますが。

井上　それから名文を書こうと思っていませんね。小説家としては頑張らないといけないいんですが、立花さんは文学が面白くなくなったと書いていらっしゃる。それが文体にも表れています。実は、言うところの「文学的な」文体では、文体そのものが情報をはじいてしまいます。ところが、立花さんは、たくさんの情報を載せられる文体を持っている。いわば「非凡なほど平凡な」文体、そこがいいですね。

松山　中学の時の文章と、あまり文体は変わっていない（笑）。「読書日記」を読んでも本の選択に妙な先入観は全くないですね。修辞的なレトリックはお嫌いで、書評もだらだら書くのは嫌だというのがよくわかります。だから「編集が悪い」とか、「装丁が駄目だ」とかばさっと切る。コストも考えて、それに見合えば評価もする。

井上　かなりの合理主義者ですね。

松山　でも、その一方で、谷川俊太郎さんの詩なども読んでいますね。必ず気休めの本をお買いになるというところからも、幅広く読むことで無意識にバランスをとっているような気がします。

井田　私はずっと『田中角栄研究』や『宇宙から

の帰還』などの本の隙間から、その著者像を垣間見たいと思っていました。この本はようやく、著者自身が前面に出てきたというだけでも価値があると思います。

井上　本棚を見ると、どういう人物かわかるのと同じですね。では、どういう方なのかといえば、僕の印象では、混沌を混沌のまま置いておくことに我慢できない人。

松山　なるほど、そうですね。

井上　そこで、臨死であれ、角栄氏であれ、わからないことがあると徹底的に調べて、その作業を通して普遍的な法則を取り出す。

井田　たしかに混沌を許したくないという欲求は痛いほど感じますね。しかし、混沌はビッグ・バンのように、常に人の努力を追い越して膨らんでいってしまう。

松山　立花さんは混沌をねじ伏せたいと思いながら、親近感を感じているのではないかな。テーマの選び方からすると、混沌がなくなってしまうと、生きていく糧も失ってしまうという感じでしょうか。

井上　ただ、一番困っているのはご自分の本の混沌じゃないでしょうか（笑）。その混沌と立花さんの関係を別な言い方をすると、自分の内部の混沌を覗くと文学になってしまう。だから、立花さんはそれとは反対の方向から、つまり、最先端科学から自分を、宇宙からその一部である自分を見つめていくという姿勢をとっている。そういう意味では、立花さんは新しいタイプの哲学者かもしれません。社会的大事件や、不思議な巨大組織、最先端科学、宇宙などの中から、普通の言葉で普遍的法則を取り出すというのは、哲学の方法ですよ。

それに、どんな大学も常に図書館から始まるという意味では、哲学者であるとともに、「立花大学」とでもいうようなものを作っていらっしゃる最中なのかもしれません。これはその一端を見せる本ですね。

井田　おっしゃる通りです。ただ、立花さんフリークとしては是非とも開架図書館にしていただき、立花さんの頭の中をもっと覗かしてほしいという気持ちもありますね。

眉村　卓『大阪の街角』

三一書房／2400円

井田　著者の眉村さんは、『なぞの転校生』や『ねらわれた学園』などの作品をお書きになったSF作家で、この本は、大阪に住んで仕事をしている著者の身辺雑記を書いたエッセイ集です。なんと、十年にわたり、「月刊SEMBA」という雑誌に掲載されていました。なかなかそういう悠長なことが許されない時代ですが、眉村さんはそれをやり遂げたということに、まず理屈ではなく、いいなあ、うらやましいなあと思いました。それに何といっても、私は眉村さんの静かな文体が好きなものですから。

井上　僕はもちろんエッセイ集として読んでいたのですが、最後には、いい私小説を読んだときのような感懐を抱きました。エッセイのところどころに、奥さんの存在が見え隠れしていて、それが、だんだんと像を結んでくる。そこが小説の仕掛けになっていますね。

松山　そうです。物も知人も淡い風景として描かれていますが、奥さんだけは（笑）。「つまらぬ挑戦」で、眉村さんは土砂降りの中を近所にテレビを買いに行き、一生懸命重いテレビを持って帰ってくるのですが、奥さんは顔をしかめて「そんな……格好悪いことをして」と言う。

井上　大阪にも下町があるとすれば、そういう下町の、つまり庶民の言葉が滲み出てくるエッセイなんですが、この一見乱暴な言葉から、奥さんの眉村さんへの愛情も感じられますよね。その辺が私小説ものの雰囲気が出ていていいですね。

井田　ええ。良質な寂しさや侘しさも少々あって。

井上　それから呑気さ（笑）。

井田　これは当たり前ですが、大阪弁の使い方がうまい。「淡路へ行く」では、「結婚後、ぼくはときどき女房に『変なこと、知らんね』と、いわれた」とありますけど、確かに眉村さんは、この本を読むかぎり、人が普通に知っているようなことを知らなくて、知らないようなことを知っている方のようでして（笑）、それを表現する奥さんの短いひと言がすごく効いています。

松山　眉村さんは内と外がバランスよくというか、ズレているというのか、両方見える方だと僕は思いましたね。「外からの目」というエッセイでは、会社員だった自分とそうでなくなった自分、「外見と内側からと」では、ある場所に住んでる人と外部の人の風景の見方の違いなどを見ている。その境界線のところでぼーっとたたずんでいるという感じがします。「こんなことを言うと悪いかもしれないけど」といった相手を考えた言い方を厭味じゃなくできる方です。

井上　僕はご本人を知っているのですが、真面目で誠実な方と思っていたら、こんなに変な方でもあったんですね。「芋づる式対処」では、眉村さんは電気スタンドの台の上に、時計を置いているんですが、時計が熱くなるといけないというので、厚紙とマッチ棒で放熱台を作る。また、万年筆のインクもれを防ぐために、セロテープを巻いたり、実に変わってます。

松山　そうですね。ご自分でもおっしゃっているけれど、妙に新しもの好きですし。自分の一歩が何センチなのか、万歩計を持って歩いて計算したり。

井上　立花さんとは逆かもしれない。世の中のためにならないことに興味がある（笑）。

松山　赤信号は必ず待つ人ですから。最先端じゃなく最後衛にいらっしゃる感じです。

井上　不思議なのは、ワープロは使わないのに、家庭用シュレッダーなんか買うでしょう。ＳＦ作家なのに、世の中から遅れているという強迫観念があるし、へんに、バランスがとれていなくて、面白いですね。

松山　それから「傘を買う」もおかしい。すぐに忘れてくるから、簡単に傘を買う癖がついている。奥さんから「同じような傘ばっかり増えて」と言われたので、同じような傘でなければいいんだと、いろんな傘を買い、最後にものすごく派手な女ものの傘まで買ってしまう。それをさして家をでようとすると奥さんに怒られたという。

井田　私は「いたずら」というのが、おかしくて。大阪の下町に住んでいた子供のころのエピソードで、自転車で走っている大人に向かって大声で「おっちゃん、自転車の車、回ってるで！」と言うと、「乗っていた人は、たいていが自転車を停めて降り、それからどうなるのである」なんて（笑）。

井上　でも、本当は、眉村さんに見習って自分の記憶を大事にしないといけないんですね。記憶とは、つまり風景のことですけれど、それを大事に保存して現在の風景と突き合わせたりしながら、街角にたたずんで、「これでいいのかな」と軽く首をかしげている。これこそ作家の作業です。

井田　終戦前の路地の様子など鮮明に覚えている

記憶力のよさにも驚きました。ある意味では、そういう長い時間を背負ってるんだけど、それを読者にドスンと渡さないところが、手際がよいし品がいい。

松山　わかりやすい詩を読んでるような楽しさがこの本にはありますね。

井田　奥付で、著者の生年月日が本当は一九三四年なのに四三年になっている。これだと、二歳でもう戦後の堺を歩いていたことになるんですが、眉村さんと自分の風景が共通しているような錯覚を覚えるので、うっかり年齢差を忘れていたくらいです。

松山　そう。眉村さんのお書きになる大阪は、大阪を知らない読者にも身近な街角をイメージさせてくれますね。小さな狭い世界を書いているけれど、それがとても豊かだということが見えてきます。ある年齢にならないと、読者と違和感がないものは、なかなかこうは書けない。

井田　立花さんの本に圧倒された後に読むと、バランスが非常にとれる感じがします。

井上　これは速読法ではなく、休みの日に、お茶でも飲みながら、ゆっくり読んでいただきたい本です。

鶴見俊輔

『神話的時間』

熊本子どもの本の研究会／1500円

井田　次は鶴見俊輔さんの『神話的時間』です。これは、鶴見さんの講演、鶴見さんの「ノートブックから」、詩人の谷川俊太郎さんと詩人の工藤直子さんの対談、絵本作家の佐野洋子さん、谷川さん、熊本大学の西成彦さんの鼎談から構成されています。

編者はプロではなく、地方文化の一端を担うボランティア的な女性で、そのためよくも悪くも「神話的時間」というタイトルからはみ出してしまう、様々なテーマがひとつの器の中に混在している感じですが、このような本の作り方も、せわしない出版業界の中では異色であるけれども、〝あり〟なのではないかと思って持ってきました。

それから、佐野さんには『一〇〇万回生きたねこ』という有名な児童書があり、これは、不思議なことに二十三、四歳くらいの女性にも絶大な人気のある本なので、そういう愛読者にとっては、『一〇〇万回～』について、佐野さんが、お連れ合いの谷川さんとどのような座談をなさるかという期待も持って読む本だと思います。

井上　本の内容をもうちょっと説明しますと、私たちには、日常的時間のほかに、実は、もう一つの時間が流れている。それは宇宙的時間というようなもので、たとえば、効率を考えてせわしない時間で生きていくと、人生はあまりにも短い。ところが宇宙的つまり神話的時間をつくることによって、人生は長くなり、豊かで深いものになる。それがこの本の基本的テーマですね。

そして、その能率や合理性を優先する時間、つまり日常的時間を断ち切る装置として、詩や童話があるというのがこの本の構造だと思います。教科書的なもの言いをしますと、僕たちも、やはり日常的時間に巻き込まれているということをまず、反省させられました。でも、この本の真の値打ちは、別のところにあると思います。それは、ここに登場する方々の生きた言葉遣いじゃないでしょうか。

井田　とくに、この本は話し言葉をそのまま載せていますから、そういう意味で特異なわけで、ちょっと読みにくいと思う人もいるかもしれません。でも、井上さんのおっしゃるように、それぞれの方の言葉に味があり、だんだんとそのおしゃべりが面白くなっていく。途中、詩の朗読なども加わり、なかなか普通の本では捉えられない言葉をこっそり入れこんでであります。

松山　僕が面白かったのは、男性と女性の目の違いなんですが、鶴見さんは、女性から触発を受けた経験を話す中で、女性の側に寄り添って、母性が持っている神話的時間を理解していこうという姿勢をとっている。ちょっと女性に寄り添い過ぎの感じもしますが（笑）。

一方、谷川さんは、対談相手の言葉を受け、それをわざとずらしながら、男の目を相手に提示して、女性の目を際立たせようとする。たとえば、工藤さんに「男は女にとって大事でしょう？　じゃあ、キャベツやナメクジとどっちが大事ですか。僕は圧倒的に女ですが」なんて言ったりしながら、男女の違いや、工藤さんの言葉が生まれてくる瞬間をすくいとろうとする。

井田　そうですね。この本での谷川さんの存在は非常に大きい。我慢強く、優しく、しかし自分の意見は曲げずに、ご自身とは異質である女性の創作者とおつきあいになっていると感じました。

松山　工藤さんも佐野さんも「混沌でいいんだ」と盛んにおっしゃいますが、谷川さんは「混沌を言葉で詰めていき、論理にしていかないといけない」ということを、手を替え品を替えておっしゃる。つまり、谷川さんの詩の言葉を借りれば「立ちすくむ」瞬間に神話的な時間が流れ、自省するのでしょう。谷川さんは言葉にならないようなことを懸命に説明し、笑わせる努力をする。これはすごい。先ほどの眉村さんも、立ちすくむ瞬間を大事にしていらっしゃるのだと思います。

井上　そうですね。ひょっとしたら、うどんを食べながら立ちすくんでいらっしゃるのかもしれません（笑）。

僕には谷川さんの、男の度量の大きさというものが、見えました。司会の西さんが『一〇〇万回生きたねこ』はなぜ男だったのか」というような質問をすると、佐野さんは「ものを作る人に理由はない。あれこれ言うのは他の人の仕事」とぴしゃりと言う。そこで、谷川さんがそれをうまく取りなす。一見たいこもち風ですが、そういう取りなしが重なるにつれて、谷川さんの器の大きさに感動してきます。魅力的なコンビですよ。

井田　谷川さんが二十年くらい前にあるアンケートに答えて、どんな質問だったかは忘れたけれど「女、子どものためにしか死ねない」と書いたという話がありますが、そういう回答を書ける方ですからね。やはりすごい度量の方だと、女、子どもに目を向けつつも、毅然とした方だと思いました。

松山　谷川さんは、日本語総体のイメージは地獄で、地獄だから下の方にあって、そこに足を浸さざるを得ない。そこから、言葉を探してくるとおっしゃっています。わかりやすい詩を書くけれど、谷川さんはずっと実験的な試みをやってきた方でしょう。いまや日本語は混沌ではなく、のっぺらぼうの地獄に見えるのではないかなあ。その地獄の中でなんとか言葉を救い出して、身を締めつけていくような作業をやってきた。だから、谷川さんにとって混沌でいいんだとばかりは言っていられない。

でも、佐野さんの方は、絵も描く人なので、イメージを具体化させなければならない。だから逆に混沌がいいという。このズレが面白い。そういうお二人が御夫婦なんだからさらに面白いですね。

宇宙に行った向井さんみたいに、女性もすごい人がどんどん出てきますが、その女性を支える夫もえらいですよね。そういう夫をみつける女性も見事といえるけど。

井田　いや、これは本能的に嗅ぎつけるんだと思います（笑）。

井上　女性は神話的な時間を起こす力を持っていますから、それを男も大事にしていかなければと思います。今まで女性はいろいろな面で割りを食ってきたから、がんばる女性がもっと出てほしいと思いますが、男性のやり方をそのまま自分たちに当てはめてしまうと、結局、男性の悪い面も取り込んでしまう。そのあたり要注意です。

井田　その通りですね。非日常的な時間を手に入れた女性の創作者、もう少し広げると女性一般とも言えますが、彼女たちは、実はかなり〝おっかない〟存在だということも、この本は教えてくれます。

しかし、それを乗り越え、〝そこに相違があるから大事なのだ〟という理由で、〝神がかった〟女性を日常レベルに押し戻す男性がいる。だからこそ、女性の文化や文学は一般性を持ちうるわけで、その場合、男性は、神話を日常的に語り継がせるための、優しく厳しい使徒であるともいえるでしょうね。

松山　男女の違いが面白いんですからね。それにしても、谷川さんも、鶴見さんも、女性の混沌をとらえようと、よくがんばってらっしゃるなあと思いました。僕にはむずかしい（笑）。

井上　全く男と女の違いを考えさせられる一冊でした。

生きのびていく言葉

ヘルムート・カラゼク／瀬川裕司訳
『ビリー・ワイルダー　自作自伝』
文藝春秋／3500円

井上　今回は、文藝春秋の本が三冊揃いました。たまたまそうなっただけで、三冊読んでいただければ、なぜこうなったかが、きっと理解していただけると思います。

初めに、カラゼクというドイツの映画評論家が書いた『ビリー・ワイルダー　自作自伝』ですが、以前、『洋画ベスト150』という文藝春秋のビジュアル文庫のアンケートで、洋画のベストテンを答えたことがあります。そうしたら十本中五本までが、ワイルダーの作品になってしまったんです。それで逆に「ワイルダーがこんなに好きだったのか」と意識するようになりました。

ワイルダーに関しては、前にもいい伝記が出版されているのですが、ただしそれらには彼の奇妙さがあまり出てなかったような気がする。ジゴロだったという噂があり、ブラケットとの脚本コンビを解消してダイアモンドと組んだ事情もよく分かりませんでした。舞台劇を映画に移しかえることでは天才ですが、それがどうしてかも分からない。つまりワイルダーの正体がうまく摑めなかった。この本では、その謎の部分がよく分かり、とても満足しました。

松山　僕がワイルダーの映画を最初に見たのは、『翼よ！　あれが巴里の灯だ』だと思いますが、監督は気にしていなかった（笑）。『お熱いのがお好き』や『アパートの鍵貸します』、『ワン、ツー、スリー』などはほぼ同時代で見てワイルダーに気づいたんですが、この本には、映画のセリフやジョークまで、細かくちりばめられているので、映画をもう一度見ているようで楽しくて……。

納得がいったのは、どんなときでも当意即妙にジョークを言える彼の才能ですね。大変にシニカルな部分もあるけれど、全編通じて明るさを失わない映画の中に、彼のジョークの才能が活かされ、反映されていたんですね。

井田　実は私、七歳のときに、『ベン・ハー』を見て、あの根拠のない大音響に怯え泣きして以来、映画館恐怖症になってしまったんです（笑）。それで、あまり映画は得意ではないのですが、そういう人間にとっても、非常に楽しめる面白い本でした。

井上　僕は年のせいもあって、ワイルダーと一番いい出会い方をしたのでしょうね。高校生のときに、何も知らずに『熱砂の秘密』という映画を見て、いっぺんで気に入りました。極めつけは、大学のころにみた『第十七捕虜収容所』で、これまた傑作。それですっかりファンになってしまったわけです。ワイルダーという人は、危機的な状況を描きながら、その中で笑わせていく天才なんです。『熱砂の秘密』は知らずに二重スパイになってしまった男。『第十七捕虜収容所』は収容所の中に実は裏切り者がいる話です。『お熱いのがお好き』にしても殺人を目撃して追い詰められて女装するという危機的状況です。特に初期のころは、そういう極限を描きながら、実は喜劇になっているというものが多かったですね。

松山　ワイルダー映画の筋は比較的単純なものが多いですが、いろいろな小道具による肉付けがうまい。そういう細かいうまさもこの本がずいぶん教えてくれました。

井上　僕はどちらかというと、初期のころのワイルダーが好きなんです。後期は、よく言えば円熟した、ハッピーで涙も適度にある作品を作っていますが、初期の彼は、ぎりぎりまで自分を追い込んで作品をつくり上げる職人といった感じでした。そういう手法に大きな影響を受けました。

井田　映画に関してだけでなく、彼の生い立ちを知ると、ワイルダー自身もぎりぎりのところを生きてきたことがわかりますね。

そのせいでしょうか、印象的だったのは、ワイルダーは極めて冷静な目で世の中と人間を見ているということです。特に、戦争時のアメリカの分析が面白い。「パール・ハーバーのころを思い出すと……ある種の感動に襲われる。戦争の経験に乏しいこの国家が、唐突になんの準備もなく戦争に突入した様子がよみがえるからだ。」だからこそ、パニックを起こして過剰攻撃にも出たわけだとあって、その洞察の鋭さには驚きました。また、移民である彼とは対照的な東部エスタブリッシュメントを地でいくブラケットと組んでいるところも、自分自身への客観視が徹底しているからでしょう。

松山　ガリチアに生まれたユダヤ人だったことと、祖国を失ったというのが大きいんじゃないですか。

ヒットラー政権が倒れた後にドイツに行ったときも、冷めて見ていますね。僕も戦後の日本人をみてそう思ったんですけれど、彼も戦後のドイツ人が連合国に驚くほど従順になったと書いています。また、ここがワイルダーらしいところですが、「会うドイツ人みんな、二人のユダヤ人をかくまっていたというから、すごい数のユダヤ人がここにはいたことになる」という痛烈なジョークで語ります。どの国にいても、体制が持つ悪を冷ややかに見ることができる人ですね。戦後、マッカーシー旋風、つまり赤狩りがハリウッドでなされたときも、いち早く反対を表明する。

井上　「協力者」の章のエピグラフで「私なりの十戒がある。最初の九つは『汝、人を退屈させるなかれ』というもので、最後のひとつは、『汝、最終編集権を確保すべし』である」というワイルダーの言葉があるんですが、これは重い言葉ですね。つまり、人を退屈させると、イデオロギーが押し寄せてくる。だから、退屈させなければ、生き延びられるという必死の思いが、この一見ジョークのような言葉の裏に隠されているような気がします。

井田　退屈すると、人間はだいたい悪いことばかり考える。

松山　笑いを産みだせる人は、世の中が瑣末なことでひっくり返る、そのことに鋭敏に反応する感性を持っているんでしょう。

井上　いいジョークは、力を持っている。言ってみれば、これは、二十世紀という大衆化の時代が見える本でしたね。映画はまさに大衆芸術でしょう。そういう大衆芸術に真っ正面から取り組んだワイルダーのような人の一生を通してみると、二十世紀における大衆芸術の重要性が浮かび上がってきます。長い間、人々の楽しみを作ってきた超一流の職人だから、こういうことがぽろっと言えるんだろうなという、素晴らしい言葉もたくさん詰まった自伝でした。とにかくジョークの宝庫のような一冊です。

又吉栄喜
『豚の報い』
文藝春秋／1100円

井上　次は、第百十四回芥川賞を受賞した又吉栄喜さんの『豚の報い』です。筋をざっと説明しますと、あるスナックに突然、豚が闖入する。その豚の厄を落とすために、琉球大学一年生でスナックの客の正吉が、生まれ故郷の島に行くことを提案する。正吉がそれを思いついたのは、ある理由からなんですが、ママと、暢子と和歌子というホステスの三人をつれて島に渡る。その三人は、みんな正吉に好意を持っているので、読者としては、誰と結びつくんだろうと思ってると、〝豚の報い〟で突然、正吉以外全員下痢になってしまう（笑）。ここら辺が、味な骨法のあるところです。

最近の小説は、よく書き込まれたものが多いように思いますが、うまくいっている作品は少なく、たいていが、もっと話を素直に進行させればいいのに、通過点が多すぎて、話に爆発力がなくなってしまう。その点、これは、話の運びがストレートで、勢いのある作品になったのでしょうね。

松山　そうですね。坂口安吾が文学に求めた「ファルス」、僕はそれを久し振りに読んだ感じでした。各々の登場人物は類型的ですが、その人たちがストーリーの展開に応じて自然に動いて、自分のタイプを壊していく。そういう面白さがあります。

井田　著者の又吉さんは沖縄在住で、これに入っているもう一つの作品も舞台が沖縄です。受賞作の「豚の報い」では豚や御嶽《ウタキ》、風葬など、沖縄らしいディテールはたくさんでてくるのですが、そればかりに囚われないでほしいというのが正直な願いですね。これはエチュニティに頼らない、非常に普遍的な小説だと思います。

松山　世界各地にある民話に近いですよね。話としては単純で、骨法がはっきりしてる。ともかく全員が下痢になる展開がうまいなあ。下痢が主軸になって展開する話は、民話ではありますが、小説では珍しいいんじゃないでしょうか。

井上　同感です。アイスクリームに口紅がくっついているというシーンがあったり、烏賊墨で、みんなの口が真っ黒になっていたり、色の計算もうまいと思いました。

松山　島に渡る港で、葬式の人たちを見かけるシーンがさりげなく入っているのですが、実は民宿のおじさんも参列しているらしいということが、後で分かるようにしてあったり、骨法がしっかりしているからさりげない肉付けが巧みなんですね。

井上　最後は、辛うじて下痢から立ち直った女三人と正吉が、いよいよお参りに行くところで終わるでしょう。ここまで読むと、読んでる方も自然とお祓いされたような気がしてきます。下痢で全部悪いものも出てしまって甦る。つまり再生ですね。

松山　その再生ということで感心したのは、事件の始まるスナックは、名前が「月の浜」で、最後は、昼の浜の場面で終わるというところです。夜の話から始まり、再生して昼に変わるという構造を自然と作り出すことに成功しています。女の人たちの会話も楽しい。

井上　鉈《なた》で、ブツブツ切って、ごろりと投げ出したような会話ですね。それが巧みにできている。

松山　「ぐるぐる回って逃げたよ。私は、近づいてくるものを殴ったよ」とか、ちょっと片言風にどんどん喋っていく、そのたたみ掛けのうまさですね。

井上　この「豚の報い」には、基地としての沖縄の影はまったくないんですが、もう一方の「背中の夾竹桃」は、ベトナムへ狩り出されるアメリカの上等兵と混血児の不思議な恋の物語で、これはむしろ基地の中に入り込んでしまっているという感じ。この二作品を一冊にしたというのは、構造的によくできていると思いました。

松山　ただ、「背中」では、混血のミチコという主人公が沖縄を、インポの米兵がベトナム戦争に敗けるアメリカを象徴していると思われますが、ちょっと構造が分かり過ぎるかなという気がします。「豚」の、時代を超えた面白さには、敵わない。

井田　そうですね。「背中」の方はつくり上げすぎた感じがしました。ただし、これは今から十五年前の作品ですね。

松山　だからなのか、主人公が沖縄を背負っている感じで動きが重いですね。

井田　そうですね。「豚」は、みんなの中に眠っている昔話のような、普遍的な意識構造の上を半覚醒状態の物語が帆走していく感じで、読んでいておちつきました。

井上　一つ重要な場面で、正吉がなぜ豚が入ってきたかと考えているうちに、「目の奥では豚が母の顔になったり、母が豚の姿になったりした」というのがありますね。

井田　両方とも豊穣の象徴であるような、母と豚との間があやふやになっていく。

井上　そうなんです。実は、人間と豚との境目は、昔、なかったんですよ。

松山　豚というのは、聖なるものと俗なるものを混乱させる働きを持っている。この小説では、下痢もそういう働きをしていますね。要らないものをすべて出して、聖なる状態に持っていく。聖も俗も死も生も、ひっくり返る大きな鍵になっている。

井田　現代日本は別として、沖縄を含めた北東アジア文化では、豚を本当に大切にするようですね。火事になったら、子供より豚を連れて逃げるというくらい（笑）。その豚をつぶすのは最大のハレの日で、豚と呪術的なものは近接している。だから憑き物が憑いたかのように、みんなで豚を食べるシーンもリアルでした。生の部分だけで豚と人間が共存しているのでなく、生死の合わせ目まで共にしているという感じです。

井上　昔は食べるもの、食べられるものが、一緒に暮らすことによって、人間と自然がつながっていたわけですが、近代は都市をつくり、そこにいろいろな機構を持ち込んで、この関係を見えなくしてしまった。言ってみれば、基地問題はその最先端です。そういうところに、自然のより深いところから揺り動かしがくるわけです。

井田　たぶんこの「背中」から「豚」への十五年の間に、その揺り動かしが著者の中で起こってきたんでしょうね。

井上　この組み合わせは、そういう意味でもなかなか面白いですね。

井田　次に何を書かれるのかなあ。

井上　「鳥の報い」とか、「報い」シリーズじゃないでしょうか（笑）。それは冗談として、この二作品を合わせたような作品を書いていかれるのではないでしょうか。いずれにせよ、作家というものは変貌しますから、将来《さき》が楽しみですね。

司馬遼太郎

『この国のかたち　五』

文藝春秋／1200円

井上　先日、司馬遼太郎さんが七十二歳で急逝されました。とても驚くと同時に残念な気持ちで一杯だったのですが、奇しくも、その直後に出版されたのが、『この国のかたち　五』です。これは、ご存知のように、司馬さんが月刊「文藝春秋」の巻頭で、連載していらっしゃった随筆です。

　戦後の日本史観の中には、「明治維新以降の近代は悪で、その結果として太平洋戦争などがあった」という過去を全面的に否定する清算主義的歴史観があり、そのせいで多くの日本人が自信を喪失していた。そんな中で司馬さんは、たとえば『坂の上の雲』で、遅れた日本が、列強に対抗する一方、傑出した人物を輩出しながら国をつくっていった明治時代を描かれた。それが、自信を失っていた日本人に、希望を与えてくれたのだ、という見方をする方がいます。いわば司馬史観が日本の高度成長を支えたように考える人もいる。

　もちろんそういう一面もあるのですが、その後、司馬さんは変貌を遂げていらっしゃる。『この国のかたち』に至って司馬さんは、かなり厳しく日本の戦前戦後を見ていた。そういう変貌し続けていた司馬さんをとらえて評価していくべきなのではないかと思い、今回、これを選びました。

松山　一九八六年から八七年に書かれた『この国のかたち　一』には、明治憲法国家は国家の腹のなかに統帥権という鬼胎を生じ、六十年弱で滅んだ。その鬼胎の時代から、戦後社会に戻ってきたが、こんなにいい社会が自分の生きてるうちにやってこようとは思わなかったと感想を述べていらっしゃる。

　ところが、「いまの社会の特性を列挙すると、行政管理の精度は高いが平面的な統一性。また文化の均一性。さらにはひとびとが共有する価値意識の単純化。たとえば、国をあげて受験に熱中するという単純化へのおろかしさ。価値の多様状況こそ独創性のある思考や社会の活性を生むと思われるのに、逆の均一性への方向にのみ走りつづけているというばかばかしさ。これが、戦後社会が到達した光景というなら、日本はやがて衰弱するのではないか」という疑念に変わっていくわけです。こういう視点、十年前に書かれたとは思えないほど、今の社会を見通していらっしゃる。

井上　鬼胎――これは辞書になかったので、のちに異胎とされるんですが――という表現もすごいですね。

松山　異胎は、「ときに褐色になったり、黒い斑点を帯びたり、（中略）形はたえず変化し、とらえようがない。わずかに息づいているが、言えそうなことは、みずからの力ではもはや人里に出られそうもない」不気味な生きものとして登場します。司馬さんの実感でしょう。

井上　それがつまり日露戦争から昭和二十年にかけての四十年間の象徴なんですね。

松山　井上さんがおっしゃったように、司馬史観はとても明るいのですが、実は、そういう異胎がはらんだものが、今の世に出てくるという、司馬さんの暗い予感が『この国のかたち　五』から読みとれますね。

井上　司馬さんの最近の基本的態度は、日本が真の国民国家になるには、というところから始まっています。では国民国家とは何かというと、国家が国民の法の前での平等を保障するということ。それでこそ国民の側からも国家に対する尊敬や愛情が出てくる。だから、法の執行こそ大事で、それがあれば、いい意味の愛国心も生まれるはず。

ところが、いま国民は平等に扱われているかというと、決してそうではない。法に基づいて政治をすべき行政の人たちが、いかに法を曲げて、国民を不平等に扱っているか。それを、感じ取りながら、この連載を続けていらっしゃったわけです。

井田　まさに、鬼胎の時代が、二十世紀最後年をひかえて、異様へところがりおちていく現代の姿とダブり、私も驚きました。

井上　司馬さんは、批判をなさるのでも、もう一つ抽象度を上げてお書きになる。「無私の発言ほど力のあるものはない」と司馬さんがおっしゃっているのは、力を持つ地位につけばつくほど、私心をなくさなければいけないのに、力がつけばつくほど私心が肥大することを諭しているわけです。

松山　新井白石の父など、無私で矜持のある人を出してきて、そういう問題を語っているんですね。

井上『この国のかたち　五』には、司馬さんの本領ともいうべき講演も収められているんですが、坂本竜馬が新政府の設計についての相談を西郷から受けたとき、役人にはならないと言った。「『まあ、世界の海援隊でもやりましょうわい』と言い、このとき陪席していた陸奥宗光に、さすがの西郷も一枚か二枚、小さくみえた、とのちに述懐させます」とありますが、これはお役人衆にぜひ読んでほしい。竜馬は維新の功労者ですから、この段階で役人になると彼に利権が集まってくる。しかし、司馬さんの理想の人物である竜馬は、もっと先に行こうとする。それをさらっと一言で言ってるんですね。司馬さんは、私心を持たないように、自らを常に前へ進めていくという竜馬の姿で私たちに訴えてくるんです。

松山　司馬さんは、歴史は「巨細」に見なければいけないというわけです。細の部分、つまり個人を見てみると、どの時代でも、矜持と希望をそなえた無名の人がいたことを、司馬さんは教えてくれ、明るい気持ちになれるのですが、巨の大きな流れの中では、最終的には異胎の時代と重なる部分が司馬さんには見えてしまったのではないでしょうか。全五冊を読むと、自分としてはこのメカニズムが分からないと、今の時代も分からないんじゃないかと問いを繰り返し発している気がします。

井上　その答えを司馬さんは出してるような気がするんですね。法をもっと有効に使い、なおかつ私心をどう乗り越えていくか、そのへんに焦点を絞っておられた。そして、それは即わたしたちの宿題なんです。

井田　なんにせよ、すごい宿題を出されてしまったという感じですね。このシリーズは、これだけ博識な方が、実に平易で簡明にお書きになっているだけでなく、自著をも批判的分析の対象にしておられる。大変辛い作業だったと思うんですが、なぜそこまでなさったか。多分、一抹の希望を人に失わせないためにではないでしょうか。

松山　『この国のかたち　一』の冒頭、連載のはじめに「日本人は、いつも思想はそとからくるものだとおもっている」と友だちが言ったとありますが、これが司馬さんの問題意識だと思います。日本人、つまり僕らは、受身すぎて無責任になりかねない。

井上　あとがきにもありますが、二十二歳で戦車隊として栃木のほうにいた、そのときの自分に手紙を書いているつもりでこれを書いてる、と。でも『この国のかたち』はそれだけじゃない。私たち日本人に向けて書かれてもいます。司馬さんの遺産ともいえるこのきつい注文を読者の方々にも、しっかり受けとめていただきたいですね。

第12回 '96年6月号

言葉の怖さ、おもしろさ

原　武史
『直訴と王権　朝鮮・日本の「一君万民」思想史』
朝日新聞社／2500円

松山　一冊目の『直訴と王権』は、直訴という制度を通じてみた朝鮮近世および近代史の本です。前回の『この国のかたち』でも、司馬遼太郎さんは朝鮮の李王朝は朱子学を政治体制の根幹としたと指摘していました。一方、日本は、朱子学の思想は輸入したけれど科挙制度は採用せず、また将軍家も絶対的な力を持っていなかったという違いを述べてらっしゃった。

日本人には、朝鮮の近代というものが朱子学でガチガチに固まって柔軟性がなかったのに対して、日本はかなり自由であった、というイメージがあると思うんです。だからこそ日本は明治維新に成功して近代国家となったが、朝鮮は王、官僚、一般人民という縦の図式が固定して、停滞していたという考えですね。ところが、ソウルに行ったりすると、韓国の人は実によく自己主張するし、エネルギッシュにこちらに接してきたりするでしょう。時代は異なるけれど、そのズレが、よくわからなかったんです。

この本を読むと、たしかに李王朝は朱子学を基本とし、科挙制度も官僚組織もあったけれど、それをひっくり返す「直訴」というシステムがあったということがわかります。同時代の日本と朝鮮を対比させながら、日本の制度とはまったく違うやり方があった、そのことがよくわかる本です。

井上　これはとても優れた本です。近世朝鮮の政治思想史、というと、いかにもむずかしい、七面倒な本と思われそうですが、まったくその心配はありませんね。近世朝鮮の支配者と被支配者との関係が生き生きと、わかりやすく書かれています。

松山　「一君万民」という言葉が出てきますね。一人の君主がいて、その下で万民が平等にあるという意味ですね。この考えは今の民主主義の時代には合わないかもしれないけど、それを現在の価値で断罪するのではなく、朝鮮と日本における「一君万民」の相違点をひとつひとつ解きほぐしてくれるんですね。

井田　「直訴」というキーワードを使ったのが巧みですね。一つのヒエラルキーを、直訴という行為によってひっくり返すことができると考える文化と、それができないと考える文化の対比という形で、日本と朝鮮の比較をこざっぱり明快に図式化したところがいいですね。

井上　わたしたちの国では、あらかじめ君主が決まっていて、それから家来、一般人民がいた。そこでわたしたちは、君臣の関係なぞは天与のものだと思っていたわけですね。ところが、朝鮮ではそうじゃない。お湯がグラグラと沸くように、下からさかんに湯気が上に昇っていって、世の中を活潑に循環させようという、そういう君主国をめざしていたのですね。つまり君臣の関係は人が納得ずくでつくるもの、という考え方です。

松山　朝鮮では、老荘思想による民本主義というものが基本にあった。つまり王権に立つ人も、自分たちはなるべくしてなったというより、民がまずあって、その中に王がいるという考え方も勉強する。ところが、官僚機構が肥大してくると、そういった王と民の直接の結びつきを壊そうとする。すると次に、英明な王様が出て、官僚たちを押さえる。その繰り返しなんですね。

正祖《チョンジョ》という王様は、一代で四千近い数の直訴を受けます。ところが日本では、江戸幕府三百年の間に直訴はたった五件だった（笑）。しかも、直訴した人はほとんど死刑になってしまう。日本と比較するところ、著者はサエている。

井上　もうひとつ感心したこと。朝鮮の王は自国の言葉をたいへん大事にしていますね。世宗《セジョン》という王様はハングルを発明する。また、清の康熙《こうき》帝は三十人の学者を動員して大字典を編む。名君はたいてい言語の大事業を行なう。そうやって自分たちの言葉と人びとが使う言葉を近づけようとします。日本の王朝は、和歌を編むぐらいですね。もちろん、だからだめだといいたいわけではなくて、言語の整備は、どうもこの直訴という制度と関係があるのじゃないでしょうか。

松山　おもしろかったのは、江戸時代の朝鮮通信使の日記です。朝鮮を出るまで見送る群衆はじつに騒がしい。ところが彼らが日本でびっくりしたのは、使節を見ようと何十万人もの群衆が沿道に集まるんだけど、みんなじっと黙ってる。これが不思議だと書き残している。

井上　たしかに外から見れば不気味な光景かもしれませんね。

井田　ですから韓国や朝鮮の人が、日本人は何も言わずに唐突に刀を抜いて、人を切って捨てる。あの野蛮さが許せないというのも同じでしょうね。もっともこちらにとってみれば朝鮮民族は少々、騒々しすぎるんだけど。

井上　でも、あまり殴り合いにはならない。

井田　殴り合いにならないために、罵言のバリエーションを増やしてるという説を読んだことがあります（笑）。それに較べると、日本人は、まずじっと我慢しちゃうでしょう。言葉で相手を説得しようとか、自分の立場をわかってほしいとか、言葉で埋めていくこと、要するに「個人的直訴」をしない。そして、突然、刀を腰だめにしてブスッとやる。

井上 東映のやくざ映画に名作が多いわけだ（笑）。井田さんの「個人的直訴」は名言ですね。日本では会社でも家庭でも、まだ個人的直訴というものがないんですね。人と人との関係を、言葉で埋めていくことをしない。

井田 武士も、町人も、男も、女も、高倉健さんも、じっと我慢しているうちに……（笑）。

井上 パンと破裂してしまう。

井田 それにしても、言語によってつくられる文化がこれだけ違う国が、軒を接しているというのは不思議ですね。

井上 だからこそ、この二つの国がどううまく付き合っていけるのかは、世界的なモデルになると思いますよ。

松山 それにしても、僕は朝鮮の歴史をほんとうに知らないな、ということを改めて考えさせられました。まあ、日韓併合以後のことは、ある程度は頭に入ってますが、それ以前の近世史になると、王朝だった以外まったく知識がない。

井上 妓生《キーセン》旅行というのがさかんだった頃、僕らの年代は二つにはっきりわかれたんです。どんどん出かけていく人と、申し訳ないからとても行けないという人。僕は後者でしたが、実はそれは同じ問題だった。臆せず出かけて行って世間話でもなんでもいい、うんと話をすべきでした。

松山 日韓併合と同じような感性で妓生旅行に行ってみたり、逆に併合後が負い目になって、自由に発言ができない。併合後の日韓問題というのは頭では知っているから、妙にぎくしゃくしちゃう。

井田　日韓関係は、併合以降に焦点をしぼりすぎたのじゃないでしょうか。そして今、井上さんがおっしゃったようにザンゲ派も妓生旅行派も同根ですから、どうも釈然としない。でもそれより前の時代には、それこそ大名行列を見て不気味に思ったり、こっちはこっちで「うるさいやつらだ」と思ったり、お互いに違うことをわかりながら関係を築いてきたわけですよね。

しかしその歴史が併合時点で分断されてしまったのは不毛なことじゃないでしょうか。

松山　この著者は、そういったいまの日本の問題というのもちゃんと頭に置いて書いてますね。そこに歴史家としてのセンスの良さを感じましたね。終章は感動的です。読んでいただけたらわかりますが……。

リン・ピクネット／クライブ・プリンス／新井雅代訳

『トリノ聖骸布の謎』

白水社／2500円

松山　「聖骸布」というのは、磔刑《はりつけ》にされたキリストの死骸を包んだといわれる布のことです。

井上　これまではフツー「聖衣」と言ってましたね。

松山　イタリアのトリノ大聖堂にその聖骸布が保存されてるんですが、果たして本物か偽物か議論されてきました。ところが一九八八年に科学的な年代測定検査をしたところ、十四世紀頃作られたものだということがわかります。真っ赤な偽物というわけですね。ただ、それで謎がすべて解けたわけではない。布には、キリストらしき顔が写っているんですが、絵の具で描かれたものではないらしい。いったい、誰がどうやってこんなものを作ったのだろうか。それを、ある意味で推理小説の手法を使って追究していった本です。面白いことは非常に面白いんですが、結論は驚くべきもので、信じていいのかどうか……(笑)。

井上 そう、たしかにすごい結論です(笑)。

井田 でも、「もしかするとこの結論しかないかな」と思わせる説得力はあるでしょう。ハウ・ダ・ニット(動機立脚型ミステリー)の推理小説としてはよくできてるなあ。

井上 なんといっても、史上最大の有名人物を犯人にしていくんだからすごい(笑)。

カトリックの施設にいたころ、「聖衣」という映画をみて、修道士の先生に聞いてみたんです、「聖衣って本当にあったんですか」と。そしたらその修道士が、「聖衣というのはこれまで四十枚も出ていて、となるとキリストが四十人いたことになる。あんなものは嘘です」と言下に否定しました(笑)。

松山 しかし、欧米には今でも聖骸布を研究する組織が秘密結社の如くあるんですね。彼らの執拗さ、偏執狂的に論理を組み立てていくところがすごい。僕はキリスト教を知らないせいか、体質的にちょっと違いますねえ。

井上 この本を読むと、つくづく人間は不思議だなあと思いますね。キリストがかけられた十字架の破片とか、茨の冠、キリストの乳歯、天使の翼から抜けた羽毛なんていうものを、聖遺物として崇め、それを信じている人間がいる。それから、どんなに荒唐無稽な説だろうと、相手がキリストなら何が起きても不思議じゃないといって信じる人がいる。一つのものにしがみつくと、人間はとんでもないことを信じ込んでしまう。人間ってアブナイ生物ですね。

松山 最初は、頼朝公五歳のみぎりのシャレコウべ（笑）じゃないですが見世物的に楽しんでいたのが、一世紀も二世紀も経っていくうちに重要性を帯びてきたんじゃないですかね。あるいは、この著者が言うように、秘密結社が自分たちの権威的な位置をつくろうとしたとか。

井田　で、いま一つ、その結社にどのような利益があったのか、わからないところがヘンなんだけど、おかしい。

井上　犯人を追っていくうちに「ルネッサンスとは何か」という問題が出てきますね。これは面白かった。われわれの常識では、ルネッサンスとは科学的にものを考える、理性の時代というのとほぼ同義ですが、実はぜんぜん違う。むしろ魔術こそがルネッサンスのもう一つの本質だとわかる。この辺は、はらはらさせますね。

松山　錬金術や魔術的なものが後ろにあって、異端者がいる。そういうヨーロッパ知性の後ろ側も見えてきますね。

言っちゃっていいかなぁ。結局、犯人はレオナルド・ダ・ビンチだというわけですね。ダ・ビンチの知識にも、魔術的な要素があったというのは確かでしょうね。それと、ルネッサンスには、見世物とかスペクタルのようなものが流行る。ダ・ビンチも、ずいぶん奇妙な装置を作ったり、祭典をプロデュースしてますよね。そういう変な時代だったからこそ、こんなものが出たというのは、よくわかりました。

井上　確かに面白い本ではあります。ところが、読んでいくと、その面白さがだんだん消えていくんですね（笑）。

井田　説明不足のディテールの部分に引っ掛かっちゃう。

井上　細部が玉石混交なんですよ。

松山　一つ一つは、すごい話なんですよ。イギリスのノーザンプトン州にある三角の建物がカメラ・オブスキュラ、つまり暗箱になってるという話なんか、すごい発見だと思うけれど、ただ、「そうなっていた」と書いてあるだけ（笑）。

井上 異端の話がたくさんでてきますね。シオン修道会にテンプル騎士団……。フリーメーソンは、まことはテンプル騎士団が前身だったかもしれないなんて、実に面白いんだけど、しかし確証がない。単に噂を集めてるだけなんですな。

松山 どうやって絵を浮きださせたのか、コンピューターまで使っていろんな実験をするんだけど、これも傍証で終わってますね。

著者自身がオカルティックなんですよ。ギーッて扉を開けると、こんな秘密があったという書き方があまりに多すぎて、ちょっと興ざめしちゃうんですよね（笑）。宗教的なオタクというか。いやあ、不思議な本ですよね。

井上 これ、一種の「トンデモ本」じゃないかな（笑）。

松山 犯人はダ・ビンチならずとも結論は大発見なんだけど確証はない（笑）。でも距離を置いて読むと、これほど面白い本はない……。

文藝春秋編

『「家」の履歴書 このヒトはどんなイエに住んできたか』

文藝春秋／1600円

松山 これは、将棋の羽生善治さんから元阪神タイガースの川藤幸三さんまで、有名な人たちに、自分が子供のときからどういう家に住んできたかを語ってもらった本です。家を語らせておいて、実は自分の人生を語らせちゃったという、切り口がうまい本ですね。

井上 「週刊文春」に今も連載中の好評読物ですが、衣・食・住の中で、家がもっともその人の人生を表しますね。そこに着目した企画《アイデア》の勝利です。たとえば元赤軍派議長の塩見孝也さん。この人は、いちばん長く住んだのが監獄でしょう。家というと、独房になってしまう（笑）。ようやっと出所して、奥さんが自分の稼ぎで建てた家へ入るんですけど、「どうも自分の家じゃないみたいだ」と感じる（笑）。感動的です。

松山　映画監督の原一男さんもすごいですね。本当のお父さんは戦争で消息不明になって、それ以降お母さんが付き合う男性が次々現れる。義父が変わるたびに家も変わり、弟妹とも離れ離れになって、自分を育んでくれた「家」の記憶がない。それで個と個の関係にこだわるようになって、いまも妻子と離れて暮らしている。

井上　どの語り手も、まったく飾り気なく自分自身を語っていますね。そこに素直な感動がありますよ。

井田　女優の高峰秀子さんには、一種の迫力を感じましたね。四歳で叔母さんにもらわれて、子役として成功するんですけど、そこへ「北海道から祖父や腹違いの兄など総勢九人が大挙上京した」と。まだ十歳の女の子にこれは恐ろしいですねえ。むりやり家長に据えられちゃった人間の鬱陶しさというのがよく出ています。

松山　シャンソン歌手の美輪明宏さんが、「人間ってね、生まれて十歳まで育った家のインテリアから結局一歩も出られないんですよ」と言ってるけど、建築家として言わせてもらうと、まったくその通りなんですね。

　建築家が建てた家を見に行くでしょう。広大な吹き抜けがあって、まん中を柱がドーンと貫いて、家具も立派なのがならんでる。ところが家の人は隅の四畳半の掘炬燵で生活してるのが一目瞭然、なんてことがよくあるんです。

井上　前衛的建築家の自宅はたいてい悲惨です（笑）。

井田　私は今、二畳半に寝起きしてますけど、人間の基本的生活は、それでもなんとかできてしまう。だから塩見さんの文章は、とてもとても、他人事とは思えませんでしたね（笑）。

松山　家ということからちょっと離れるんですけど、昔は実にいい加減なお父さんが多かったことがわかりますね（笑）。たとえばお笑いタレントの大川豊さん、お父さんは段ボールで寝てる人でしょう。原さんも、泉ピン子さんや古今亭志ん朝さん、りんけんバンドの照屋林賢さん、皆さんお父さんが家にあんまりいない。

井田　私もそういえばそうでしたね。客観的にみればそれなりの事情があったんでしょうが、私が小学生の頃、父親はフラリと家を出て、数年の間、断続的にしか帰宅しなかった。でも、さびしいというわけではなかった。父のかわりに、わけのわからない他人がいっぱいいる家だったから（笑）。

松山　身近にもそんな人がいたのか（笑）志ん朝さんの話にも、一軒に三世帯住んでいたというのがあるでしょう。これも昔は普通でしたよね。僕の家も、戦後は三家族が一緒に住んでたし、この間、法事で親戚が集まったら、八十歳の従兄弟が言うんですよ。「そういえば、お前の家の階段の脇に物置があったろう。震災の後、あそこに女学生が住んでたな」って（笑）。

井上　僕のところでもありました。フラッと知らない人がやってきて、何カ月か住んでいる。実は、親父の知人の農民運動の地下活動家だった。

井田　家というのは、人が来たりて去って行くもの、だったわけですね。

井上　いまの日本人は、おたがいにあまり行き来しませんね。面倒くさいんでしょうか。

松山　家が器として立派になったけど、そういう付き合い方は消えてしまった。志ん朝さんの話にこんな話がありました。父親の志ん生さんがご贔《ひい》屓《き》の人から「家をあげる」と言われるんですが、「分がすぎる」といって断っちゃう。戦前は、こうだったんでしょう。ほとんどの人が借家で、持家というのは戦後のことなんですね。政府が、みんな土地をもって家を建てなさいと持家政策を進め、それによって地価があがっていく。

井上　住専問題はその政策から生まれました（笑）。

松山　その結果、日本人は家というものにずいぶん縛られるようになったんだけど、ある時期より前の人たちは、今よりずっといい加減だったんじゃないでしょうか。あっちへ行ったりこっちに行ったり、職業もはっきりしない。男はふらふらしてていいんだと思ってたふしがある（笑）。

井田　男の人は、家は帰ってきたらあるものだと信じていたんだろうなあ……。

松山　それが一番感動的だったなあ、自己弁明かなあ（笑）。

井上　もうひとつ、この本は全編が談話体でしょう。その魅力がありますね。つまり書き言葉だけが本であるとする時代が長くつづいているわけですが、これは口言葉。口言葉の面白さをうまく活字で生かしています。そこが新しい実験ですね。

松山　インタビューして纏める人もうまいですねえ。昔のことを懐かしがらせて、ぐいっと人物像を浮かび上がらせる。

　以前、井上さんが、『唾玉集』という明治のインタビュー集を紹介して下さいましたけど、あれに通じる面白さがありますね。

井上　二十世紀末の日本人の語り方、口言葉の資料としても、後になって光る本ですね。

第13回

自分を見つける試み

'96年7月号

リチャード・ローズ／中川五郎訳

『メイキング・ラヴ』

文藝春秋／2000円

井田　『メイキング・ラヴ』は、ドキュメント作品『原子爆弾の誕生』で八八年度のピュリッツァー賞を受賞し、同時に小説家としても著名な作家のリチャード・ローズが、男性としての自分の性行為というものを、綿密なうえにも綿密に綴った本です。マスターベーションについて、初体験について、オーガズムの授受について、自らの性器とパートナーの女性の性器について……。少年時代の同性愛体験も含めて、女性に関しては匿名の十一人との性行為を、克明に報告した本です。

井上　まず感心したのは文章です。私たちの周りにもセックス描写が氾濫してますが、そういうものに特有の、じとっとくるようないやらしさがまったくない。いい比喩や形容句がふんだんに出てきます。クリトリスが「小さなボタン」……。

松山　「ペニスを持つということは、猫を飼っているようなものだ」なんて、うまい（笑）。

井上　「フラスコに薬品を入れて、何分バーナーで熱して」というような理科系の明晰で客観的な文章に、それこそ文科系の質のいい比喩をたくさん盛り込んで性行為を描いている。それで肝心の性的な情景が読者にも明瞭に思い浮かぶし、おもしろい言い回しでじめじめした情緒が消されてしまう。理科系と文科系の文章のいいところを合体させていて、一つの発明といえますね。

井田　冒頭に「わたしが純潔を失ったのは十八歳の時で、相手はニューヨークのダンス・ホールの女の子だった。わたしは月並みな意味で、〝純潔〟や〝女の子〟といった言葉を使っている」という二行がありますでしょう。巧みだと脱帽しました。これは性豪伝でもなんでもない。いとおしいほど月並みな一人の男の性のオデュッセイであると、このたった二行で自著を他の性告白ものと差別化してますよね。

井上　ローズ青年が童貞を失うときに、「サイズってそんなに重要なの?」と相手をしてくれたプロの女性に訊きますね。これはこの時期の男の子にとっては最大の問題ですよ。女性は「そんなことないわ、女にとってはね」と答える。僕も昔ある女性から言われたことがある。「リンゴを口いっぱい頬張ると、どう噛んでいいかわからないでしょう。リンゴは少しずつ齧《かじ》るじゃない。だから大きさは問題じゃないのよ」と(笑)。

これから女性と人生の歴史が始まる。その場面にこの話を持ってきたのは効果的でしたね。構成がよくできている。

松山　ただ、僕は読んで、それほどびっくりしなかったんですね。これは煽情的な本ではなくて、自己カルテなんですよね。登場する相手の女性の感情というものがほとんど出てこない。

それから、現在のGという恋人の前に二人奥さんがいらした。その人たちとは性的な喜びを味わなかったのかどうか、告白するんだったら、そこも書くべきじゃないかなという気がしました。

井田　それもわかるんですが、下手に妻との実生活が被さると、逆に嫌味な本になったんじゃないでしょうか。男も女も、性という部分ではもともと独善的だから、実生活がからんでくるとうっとうしくなるような気がする。
　ところで、アメリカでの、この本の書評をいくつか読んでみました。だいたい好意的なんですが、ひとつだけ異様なほど罵倒的な書評がありました。「いったい著者は何を知っているというのか。たった十一人の女と寝ただけじゃないか」から始まって、「アナル・セックスやバイブレーターを使った行為が普通の時代に、なんと時代遅れなことを書くのか」と続き、とどめは、「これは掃除機やポルノビデオとしかねんごろになれないアル中野郎の本だ」と。書評子はフェミニストの女性だけど。とにかく、彼女はローズが掃除機でマスターベーションしたことが気にいらないらしい。女を掃除機と同じモノ扱いしているという怒りが徹頭徹尾ありますね。

松山　僕はフェミニストじゃないけど（笑）、その意見にはちょっと共感する点があります。最後に、恋人のGを満足させていると思っていたら、彼女は実は、そんなに何回もオーガズムを味わいたくないと思っていた、という話が出てきます。そこで改めて、セックスというものは独善的なものであってはならないんだ、ということになる。その展開が上手すぎる気がします。著者はそれまでは、やっぱり独善的なというか、セックスを性器のみで考えていたわけでしょう。それはそれで、女性が「男ってこんなものなのか」と思って読んでもらえばいいわけですけれど……。
　だから赤裸々な告白と受け取ると違うわけで、齢五十になって、ようやくセックスの楽しさと、そこには必ず二重にも三重にも独善的な意味があるんだということに気がつく話だと思うんです。

井田　そうですね。たしかに、松山さんのおっしゃったような意味での、教養小説ならぬ、教養〝ヴェリティ〟ですね。

井上　いま松山さんが指摘なさったところ、それまで日に十回以上も絶頂に達していたGという恋人があるとき突然「自分はオーガズムは一、二回でいいんだ」と言い出す。そこが山場です。量から質への転換、思わずホッとしました（笑）。

井田　彼女の言葉に激怒したそのあとで、彼女とあらたに親密な関係を作っていくところは、感動しますね。

井上　セックスというのは、精神的に解放されながら、自分の中の子供の部分と、相手の中の子供が現われて、二人が子供の時代に戻っていくことだと書いていますが、これもなるほどと納得しました。

だれか女性もこういうのを書いてくれればいいですね。両方で本を持ってベッドに入って、行為が進むたびに、ページをめくればお互いになにを考えているかよくわかる（笑）……。

井田　女性にとって、こんなふうに芸を添えつつ素朴に性を書くのは、すごく難しい作業かもしれない。どこかに抑圧者としての男性が出てきたり、反対に抑圧をはねのけて女王さまの私が出てきたり、けっこうすったもんだするかもしれません。

井上　もっとも一つだけ贅沢な不満を言うと、あまりにも翳りがなさすぎるかな。

松山　そうなんです。前の奥さんと別れて、恋人とぱっと引っ越したり、意外なほどあっけらかんと生活を変える。セックスは、二人だけといっても、それぞれが背負った社会的な人間関係の中で成立すると思うんですよ。その中で、より興奮したり、サディスティックになったり、マゾヒスティックになったり、喜びも含めていろいろあるんですけど、アメリカは人間関係がバラついている社会なのかな。逆に言えばちょっと淋しい社会なのかなという読み方もできますね。

井上 たしかにアメリカの社会論にもなっている。

松山 性のテクニックもいろいろ記述されてますが、実に素朴なんです。でも、素朴な性の本が書かれる、それが、アメリカ社会と日本の違いなんでしょうか。

井上 アメリカでは、著者が明らかにした性の遍歴をみんなで辿りながら、この方法はどうだのこうだのと議論が成立するかもしれませんね。私たち日本人の場合はどうでしょう。Gという恋人の素性も洗い出したり、これは明らかに不倫だから奥さんは怒るべきだと言ったり、幾分か倫理的になるでしょうね。

井田 ヴェリティの原語的意味は〝嘘がないこと〟ですが、これはけっしてファクトとメモリー――事実と記憶だけでは書けないと思います。〝ヴェリティ〟はローズ独特の物語ジャンルなのではないか。だから、どこか違和感を感じながらも最後まで読み通すと、ほっとする作品なのだと思います。

井上 時代につれて、あるべきセックス像は変わってきます。ここへ来て、セックスとはお互いが溶け合うことだ、じゃれ合って子供のときに帰ることだという結論に達した。平和でいいですね(笑)。

井田 女性の読者も、ここで、そうそう、ほんとにそうよね、と共感すると思うんですよね。

松山 女性に読んでほしいですね。男はこういうものだと、女性に分かる本じゃないでしょうか。

北浦清人

『幸せをつかんだ犬たち』

平凡社／1200円

井田　二冊目の『幸せをつかんだ犬たち』は、ドッグレスキュー、つまり人間の都合しだいで捨てられたり、病気になったり、けがをした犬の救援活動をしている北浦さんの体験記です。

町内に居つきながら、偽善的な人間の心を見透かして飼い犬になることを拒否した野良犬、猟期が終わって山に置き去りにされた猟犬と、いくつかの人間にふりまわされた犬の話が紹介されて、犬の数だけ感慨深いです。犬というのは実は飼いにくいものなんですね。それを飼い馴らせると思ってる人間の傲慢さというものを思い知らされました。

井上　本当によく人間の勝手さが活写されています。最後の章に、野良犬、迷い犬を保護するときの手引き、「レスキュー・マニュアル」が載っていて、その中に、「必ず避妊・去勢手術を受けさせるべきだ」と書いてあります。子犬が生まれても、処分される犬が多くなるだけだし、避妊、去勢をしておけば病気にかかりにくく、従順になるからというんですね。これは人間の理屈でしょう。ものすごく傲慢ですね。

傲慢だけれど、そこまでしないと犬は幸せにならない。辛いところですね。

井田　そうなんです。子供のとき以来捨てられた犬や猫を目にするたびに、私もそのねじれにとらわれて幾星霜。いったん飼ってしまえば、人間の都合に合わせなくちゃいけなくなるし、見過ごせば、明日には死んでしまうかもしれない。

井上　飼うべきか飼わざるべきか……。

松山　この方は、そういう矛盾があることをしっかり押さえて書いていますね。もうひとついいなと思ったのは、著者がだんだん犬に同化してしまうところです（笑）。

井上　僕もそう思いました。この著者、ほんとうは犬じゃないいんだろうかと何度も疑った（笑）。特に、「レスキュー・マニュアル」の部分は、すっかり犬になり切って書いています。

「犬の無駄吠えは、不安感や孤立感からである。飼い犬でも行なうのは、大半がリーダー不在の家庭で、犬の存在位置が不確定であり……」などは傑作ですよ。

「犬は父性を慕って家庭に馴染む動物であるがゆえに、円満な家庭を選ぶ必要がある」。これなどもいろいろ問題が出てくる話ですね（笑）。

井田　だったら、犬を飼えない家庭は今後、どんどん出てくる……（笑）。

井上　この部分は、文章もいい。必要なことだけびしっびしっと書いた名文です。

松山　それに比べると、本篇の部分には、生煮えの文学趣味があるでしょう。

井上　突然、小林秀雄や吉本隆明が引用される（笑）。

井田　犬が人間と一緒にピンクに染まった夕空を眺めたり（笑）。

松山　あれがちょっと分からない（笑）、それ以外は、ほんとうに犬の気持ちになりきろうとして書いている。そこに素朴な感動があります。

井上　病気の犬に対して、「臭いという人間の理由で何かを強いることができなかった」から洗わなかった、とある。臭いを我慢しながら連れて帰るんですね。この一行足らずのところで、瞬間的に犬になっている。犬と同じレベルに立って、こういうことが書かれているのが魅力です。

井田　読んでいくと、この人は犬を救ってるんだか、自分を救ってるんだか分からなくなってきます。かわいそうな犬を救ってあげた立派な人の話で終わらないところがいいですね。

松山　動物行動学者コンラート・ローレンツに『人イヌにあう』という名著がありますね。彼は、「飼い主は犬を家族というけれど、実のところ、死んだら代わりを持ってくる」と書いている。あれだけ動物が好きで、観察している人だから言えることですが、やっぱり犬と人間とは違う。この著者も犬を人間の子供として見ているフシがありますが、寿命も違うし、人格と犬格（笑）は違う。当然ムリがあるわけで、こういう責任を持たないと難しいんだなあということは、よく分かりますね。

井上　それから「優しいけれど生活も大変な人が、捨てられた犬や猫を見つけてしまう」というあたりは人情を穿っています。たしかに金持ちが野良の犬や猫を見つけることはなさそうですからね。

井田　私は優しくはないけど、生活は大変という点でその被害者（笑）。なぜか、私の前にはしょっちゅう致命的な怪我や病気を背負った犬や猫が出現するんです。腰が抜けて排泄物たれながしの子猫がアパートのドアの前で鳴き叫んでいたり。こんな生活をしている私の部屋の前になんで現れるんだと、運命を呪うんですけど。

井上　「ぼくたちが犬を見ている何十倍もの真剣さと注意力で」犬は逆に人間を見ている。つまり向こうからは見えてるんですよ。井田さんのところへ行けば、助けてもらえるって。

井田　イヌネコにこの本を読んでもらって、私を飼い主に選ばないでほしいと訴えたいですね（笑）。私は独り者で、円満な家庭もなけりゃ、おカネもないし。飼い主としてみごとに不適格なんですから、間違えて来ないでくれと（笑）。

岸部四郎

『岸部のアルバム 「物」と四郎の半生記』

夏目書房/1500円

井田 さて『岸部のアルバム』です。有名なテレビドラマをパロったような大胆な題名ですが、俳優の岸部シローさんのモノ集めの話ですから、まあこういうタイトルになるのも分からないではない(笑)。

変な人と聞いてはいましたが、噂にたがわぬ変な人ですね。テレビの仕事で明治維新期の人々に興味をもち、西郷隆盛や勝海舟に関する本を読み漁る。そのうち、夏目漱石に惹かれて、初版本を集め、それだけではあき足らなくて、部屋を借り古い家具を置いて、自分の「漱石山房」をつくって読書にふける。その後も、ブリキの玩具、ビートルズ・グッズからヴィンテージ・ジーンズまで、妙なモノをずいぶん集めるんですね。その岸部さんの「物」好きぶりを披露した本です。

井上 最初、一生懸命、漱石のものを集めるんですが、そのうちに、「漱石を重んじない不埒な輩がどんなことをいってるか、たいへん気になる」と考えて、アンチ漱石の荷風を集め始めるでしょう。一つのことを一生やるんじゃなくて、次々に興味の対象がかわる。いい意味で軽い。集めることにこだわってるわりには、モノにこだわってない。そこがこの人の魅力ですね。

井田 本当のコレクター、蒐集家というのは、また別種の人間なのだと思います。これは岸部さんが岸部さんなりにモノを集めた本で、コレクターの本ではないという気がします。それが逆に、変な衒《てら》いもなく、とても率直に読める理由でしょうね。

松山 序文に「なぜぼくはこだわりつづけるのか。

美しいもの、見事なもの、素晴らしいものといっても、それはぼくの独り善がりで、ほとんど現代の社会では不必要なものばかりではないか」とあります。この「独り善がり」をよく分かっているということが、この本をいやらしくしてないんだと思いますよ。

井田　本当のコレクターの本だったら、たぶんもっと薄気味悪くなるでしょうね。

松山　僕はモノを蒐集するという性癖は子供の時はともかく、いまはまったくない人間なんです。本は多いですが、稀覯本《きこうぼん》を集める趣味はないし、ずいぶん乱暴に扱ってますからね。

井田　私なんか、そもそも買い物ということをしませんから、情報としてとても勉強になりました（笑）。

松山　そうそう。宝飾時計は日本のデパートでも、二、三割安く買えて、ちゃんとお茶を出してくれたり、ゆっくり買い物が出来るし、修理が必要な時もすぐ対応してくれる。だから、韓国の免税店で六掛けだからといって、わざわざ買いに行くことはないとかね。

井上　クリスティーズやサザビーズといったオークションには、本当にいいものは出てこない、とは名言ですね。たしかに良いモノはすぐ捌けるはずで、わざわざオークションにかける必要がない。なるほど納得です。

井田　だから、私みたいな買い物恐怖症の人間には、「へーえ、そうか。買い物をしてると、こんな知恵の積み重ねをすることができるんだ」と感心させられることがずいぶんありました。

井上　いろんな知識もお持ちですね。ルイ・ヴィトンがデザインを変えるのは、偽物を防ぐためだなんて知らなかった。

松山　一つ茶々を入れると、「おカネがない、おカネがない」って書いてるけど、この人、おカネありますよ（笑）。とても僕には集められないものばっかりだもの。

井上　フランスの大金持ちで、玩具のロボットの世界的コレクターが、長年のコレクションを全部手放してしまう話が紹介されてますね。これ好きだなあ。理由は「たぶん疲れてしまったのだろう」（笑）。つまりトップになろうとすると、カネだけじゃなくて、時間が大変らしい。コレクターにならないでよかったと思いました。

松山　本来、骨董品とか自分が好きで集めているもののことは、書きにくいと思うんですよ。それを喋るとすると、おカネに換算せざるを得なくなるから、厭味になりがちなんですね。ところが岸部さんの場合、こっちもあっちもと幅がありすぎて、私だけが知っているとか、私だけがこれ全部持ってるとかっていう、コレクターのいやらしさみたいなものがない。

井田　なんというか、「実存的買い物主義者」ですね。見れば買わずにいられない（笑）。でもこの人、自分がどうしてモノを集めているのか、わからないんじゃないかなあ。

井上　それから、発見の一つは、日本人の生活にとって、高度成長というものが大きな境目になっているということ。あの時期を境に、それ以前のものが壊され、捨てられた。岸部さんは、高度成長以前のものに、一生懸命執着してるんですね。

松山　ブリキの玩具にしても、その頃日本で作りながら、日本では売られずアメリカに輸出していたものを集めるでしょう。

井田　私は、一ドル三百六十円の固定レートで、五百ドルしか持ち出せなかったときに、岸部さんが貨物船でアメリカに行った話を一番好もしく読みました。これも境界前の時代ですよね。いまのように、おカネさえあればどこへでも行けるという時代じゃない。そこへモノを通して少しずつ戻っていこうとしている感じが好もしいんですね。

松山　最初は、仕事がきっかけで漱石集めに走ったんでしょうけど、集めるものが、だんだん子供時代に戻るというか、幼い頃の自分が見たようなものになっていくんですね。

井田　ただ、どこか淋しい。とても淋しい。

松山　救いはあるけど、淋しい。ものの中に自己投影していくところがあります。岸部さんは、それは独り善がりだっていうことをよく分かっていらっしゃるけれど。

井上　他者を、あるいはモノを通して、自分を見つけて行こうという試み、今回の三冊は、この試みで共通しています。そしてうまく成功していますよ。

第14回　'96年8月号

情報から表現までの距離

木下是雄
『日本人の言語環境を考える
木下是雄集3』
晶文社／3800円

井上　最初の本は木下是雄さんの『日本人の言語環境を考える』です。木下さんは学習院大学の学長もなさった物理学者で、南極観測隊に加わったり、「ロゲルギスト」という物理学者集団の一員としてエッセイを連載したり、幅広い活動で知られています。中公新書から出た『理科系の作文技術』は、ベストセラーにもなりました。

井田　それ、私も読まされました。父親が技術屋にして営業も兼ねるという職掌を自ら作ってしまった人でして、その立場からしても、また売文などという危ない仕事を始めてしまった娘にとっても「これはとってもいい本だから」と勧められて（笑）。

井上　その木下さんが、物理の仕事をなさってるうちに、日本人はなぜ自分の意見をまとめて整然と主張する文章を書けないんだろう、と考えるようになられた。そして、七十歳になったのを機に、言語技術教育の道に転身なさいました。言語技術とは、心情の伝達を除いた、事実の伝達をいかに日本語で書くかということですね。

この本で木下さんは、日本人は、受信型から発信型へ変わらないといけないとおっしゃっている。

受信型とは先達の言をまなぶこと、欧米の抽象語を翻訳して文献を読み、一生懸命受信し人並みになろう――、それを日本の近代百年はやってきたわけです。しかし、これからは発信型、つまり、自分の考えを確立し、意見をまとめて整然と主張することができる力を養っていかないとやっていけないんだ、ということです。これを今から十五年近くも前にお書きになっている。ところが、事情はちっとも変わってない。やっぱりまだ、僕自身も含めてですが、受信型なんですね。

松山　木下さんは、情報を咀嚼して自分の意見を持つ、自分がどういう目的を持って生きているかが大事であると、繰り返しおっしゃいますね。その通りだと思います。ところが、いつまでたっても変わらないというのは、これは明治以後の日本の教育の弊害じゃないですか（笑）。

井上　日本の作文教育は事実を事実としてきちんと書くということを教えませんからね。心情を書くということにばかり偏って、丸谷才一さんの名言によれば、「生徒をみんな小説家か詩人にしようとしている」（笑）。「昨日、楽しかったことを書きなさい」なんて言われても、「どこそこへ行きました。何々を見ました。とても楽しかった」ぐらいしかないですよ（笑）。

松山　美術の教育でも、先生は「セザンヌは素晴らしい。こういう絵を描きなさい」と言うけど、その先生がセザンヌを好きかというと、そうでもないらしい。次にカンディンスキーの抽象画が出てくると、これも素晴らしいと教える（笑）。これじゃ、子供はどこがいいのかわからない。先生も同じ教育を受けているから繰り返すわけです。

真似ることばかりを教えて、それ以前に、どこが面白いのかを語らない。作文のことが出ましたが、本当の意味で読むということ、自分で咀嚼して、解釈するということがまずあって、それからここが面白いと思い、今度は自分で発信するのが順序なのに、それがあまりにもなされてないですね。

井上　木下さんの提言にもありますが、たとえばある人が書いた文章を要約する、原稿用紙二十枚のエッセイを三枚にまとめるとか、そういった訓練を学校でどんどんやればいいんですね。「思ったことを書きなさい」というのは、大人でも難しいのです。

井田　ただ木下さんは、単に日本は受信型で受け身であって、これでは国際化できないからとにかく今すぐ全面的に発信型にしましょう、とおっしゃってるんじゃないですね。そういう拙速な論って、たとえば英語を小学校から学ばせましょうというとんでもない話にすぐ繋がりがちでしょう。そうじゃなくて、国際人であるためには、まずちゃんとした日本人でなくてはならないということを何度も強調なさっています。

井上　向こうの人は、日本人なら「源氏物語」はみんな知ってると思ってますからね。ところが、読んでる人はそう多いとは思えない（笑）。一方で、外国の、「源氏物語」や歌舞伎を勉強している人には、「日本人じゃないから、本当のよさはわからないんじゃないか」なんてすぐに言っちゃう。その辺は、どうも無知にして傲慢です。それとも楽天的なのかな。

松山　結局日本人が発信できないのは、受信者としても蓄積をもっていないからではないでしょうか。僕は二十年ほど前、よく文楽を見に行ってましたが、当時は外国人のお客さんのほうがずっと目についた（笑）。

木下さんは、一方で日本の情緒的な言葉も認めていて、婉曲的・間接的な表現は日本人のアイデンティティーでもあり、失うべきではない。仕事や国際的な場と、私的な場で表現を使い分けるべきだ、つまりスウィッチ・ヒッターになれと言ってますね。

井田 スウィッチ・ヒッターっていい言葉ですよね。自分自身が何かということがわかって、初めて国際化とか発信ということも可能になるんですから。そのあたり、この本は実にバランスがよく取れていますね。

以前、アメリカの友人と「日本人は、どういう英語に直面した時に怖じ気づくんだろう」という話になったんです。彼らは一様に「『私はあなたがいま何を言ったのかわからないんですが』と言ったとたんに、日本人は竦《すく》んでしまう」と言うんですね。この本を読むと、それが何故なのかよくわかります。「わからない」と言われたら、単に相手の土俵にのってやる、というかスウィッチ・ヒットすればいい。なのに、あたかも、自分の全存在を否定されたように思って竦んでしまうんでしょうね。

松山 きちっと応じることができないんですね。その点でテレビの話も面白かった。テレビを見ると皮膚感覚でわかったような錯覚を起こし、感覚的にわかった気がしても、実は十分な理解をしていない、とおっしゃってる。テレビ全盛のいま、日本人は受信能力も落ちているのかも知れないですね。

井上 今日、こちらに来る前にソバ屋に入ったら、混んでて相席になったんです。「お願いします」と挨拶しても、みんな無表情なんですね。丁寧じゃなくてもいい、せめて「あっ、どうぞ」とか、首を振るとかでもして欲しい。なんだか、受信もしないし発信もしない人間関係が増えてるような気がして、怖くなりますね（笑）。

清野文男
『日本の職人ことば事典
職人とともに生きてきたことば』
工業調査会／3811円

井上　次は趣向を変えて字引きです。清野文男さんは、職人をずっと撮り続けている写真家で、二千人の職人を訪ね歩いて二十余年、その間触れた職人言葉が、このままでは滅びてしまう、なんとか残したいと、百種類ぐらいの職人の三千語を一部写真入りでまとめられた。それがこの、『日本の職人ことば事典』です。

なかなか面白い言葉が出てきますよ。日本酒の醸造で、発酵して泡がぷつぷつたつことは「踊り」、染物で色が混ざってしまうことは「色が泣く」と言うんですね。思わず笑ったのは「鍛冶屋の大声」。文字通りの意味なんですが、うるさい鍛冶屋の作業場を思えば、納得です（笑）。

井田　私は素朴に、なるほど「正直」とは板と板の合わせ目のことで、「相槌」は向こう槌に合図することだったのかとか、ほう、「おだてる」は和紙を漉くときの言葉からきて、「おじゃん」も「おしゃか」も職人言葉だったんだというような、初めて知る喜びがありました。

井上　書店でパッと開いたところに「消《き》え口《くち》」という言葉があった。その一語に惹かれて買いました。花火の言葉で「上空に打ち上げられ、パッと花が開き、色が何色にも変わりながら星が瞬時に消えてしまうこと」。これは実にうまい言葉だな、と思ったんです。消え口がいい、悪いは、花火師らしい言い方だと感心し、そこでこれはなかなかいい本だと思ったんですが、しかしちょっと中途半端もなところもある。

松山　これだけの言葉を集めて本にまとめた努力は素晴らしいですが、もう一工夫できたんじゃないかと、惜しい気もします。
　職人の言葉は具体的な材料や道具、体を動かす作業を通して生まれてきますよね。清野さんは写真家なんだから、まず写真に全部撮って、写っているものと対応させて言葉の解説をしてほしかった。以前紹介した須藤功さんの『写真でみる　日本生活図引』は、写真に写ってるもの何でもかんでも書いてあるんです。「男、網ですくう、鉢巻き」とか。僕らにも本来わかってることなんですが、改めて読むとなるほどなあと思えるんですよ。

井田　生きている写真と、それに対応する言葉という形にすると、字引きにはならないけど面白かったかもしれないなあ。それから、職種ごとにまとめるという工夫もあったかなと思う。

井上　そうなんです。最初、藍染の「藍」がつく言葉が並ぶんですが、突如「合口《あいくち》」なんていうのが出てくるから、戸惑っちゃう。三千語も集められた努力に脱帽した上で言っているのですが、一つの職種についてはその数が案外少ない。

松山　言葉の取り上げ方に偏りがありますよね。たとえば金箔を叩く箔の職人の言葉は「澄《すみ》打ち」の一つだけです。一つしか言葉がない職種があってもいいんですが、「延金からある程度まで薄くのばす工程」である澄打ちの前後には、いろいろの作業や道具や良し悪しを表わす言葉があるはずです。作業過程を説明すれば、もっと興味も湧くし、理解できるんじゃないかなあ。

井上　「井戸掘り」にも「上総《かずさ》掘り」が一つあるだけですが、働くときの掛け声とか、何を履いてるかとか、言葉を集める網の掛け方に一定の基準がなくて、穴がある……。

松山　清野さんはいろんな職人さんに会いすぎたんじゃないですか。彼にとっては常識になってしまった言葉が、抜け落ちてしまった。桶屋の言葉で「箍《たが》が甘い」と出てきて、「ゆるいタガのこと」とサラッと書いてあるけれど、世の中にはもう箍を知らない人がいっぱいいるでしょう。

言葉を採集した場所も書いてほしかったです。

清野さんは、地域によって職人の言葉も方言があるから標準語に統一したと書かれてますが、方言と一括りにされると少々困る。職人の言葉は、その土地独自の材料や方法で変わったりするわけでしょう。折角、各地を歩いて採集したのだから。

井上　職人さんが仕事するときに使う言葉、それを言えば相方もわかる、でも普通の人にはわからない。意味を聞けば、なるほどと納得する言葉が少ないですね。用語事典みたいな感じです。

松山　僕らの知らないはっとさせるような言葉が、もっとあるような気がしますね。

実は、もはやベテランの大工さんでも、電動工具を使っています。その状況の中で言葉もずいぶん変化してるでしょう。とすると、失われた言葉だけではなくて、いま使ってるけど案外短期間で消えてしまう言葉もあるかもしれない。そういう言葉まで幅を持たせてもよかったんじゃないかな。

井田　私は現役の八十三歳の温泉芸者のおばあさんを取材したことがあるんですけれど、それこそ五十年以上前の写真をたくさん残してらっしゃって、これはどういう道具で、この板は何と呼んだんだと、よく覚えてるんです。職人さんというのはいわば、モノが肌身に食い入る生業《なりわい》だから、言葉も肌身のこととして忘れないんですね。

井上　手で目で、体全部で覚えてる。

松山　和ロウソクとか和船なんて、もうないんじゃないかと思われるような職人さんの言葉も集めてますね。

井田　一体こういうもの、どこで使ってるんだろう……。

松山　そう、どこで聞いたのか興味ありますよね。

井上　大工さんの用語の「二枚者《にまいもん》」。「修行に失敗し、一人前になりそこなった半端な大工のこと」という意味はわかるんですけど、どうして「二枚者」と言うようになったのか、それが知りたいですね。

松山　清野さんにこの作業を今後も続けていただきたいから、あえて苦言ばかり言いますが（笑）、構造化してないんですよ。「渡り職人」という言葉が出てきますけど、建築の職人の場合、町の仕事をやる「町場」、いつも動いてる「渡り」、ビルとか、大きな仕事をやる「町丁場」という三種類あるんです。ところがこの本では、「渡り職人」と同じ意味で「西行」しか出てきません。野丁場と町場という言葉がないと、「渡り職人」の意味がわかりにくい。

井田　それにしても、仕事を一つ続けてやってると、半端でも職人になっていって、言葉が出てくるんだろうなあと思いますね。バカな例ですが、私の場合、「ぶら下がり」にこだわっちゃう。

松山　「ぶら下がり」って、何ですか。

井上　句読点を行の頭じゃなくて、前の行の最後、欄外に打つことです。僕は文章に挿入するときのふきだしのことを「風船」と言ってます。

松山　僕はそんな言葉、知らなかった。物書きとして半チクな職人だなあ（笑）。

ロナルド・ケスラー／山崎淳訳

『汝の父の罪　呪われたケネディ王朝』

文藝春秋／2400円

井上　最後の『汝の父の罪』は、アメリカ合衆国大統領ジョン・F・ケネディの父、ジョー・P・ケネディの一代記です。アイルランド移民の子でカトリック信徒のジョー・ケネディが、どんな汚い手を使って富を築き、いかに権力を欲してそれを手に入れたか。家庭の中では絶対的な家長としてどう振る舞い、外ではどんな愛人がいて何をしていたか。著者ロナルド・ケスラーが百六十人以上の人にインタビューを繰り返し、情報開示された膨大な文書にあたって書き上げた、まさに圧巻の書です。あんまり面白いので、つい文春宣伝部員のような口を利いてしまいましたが（笑）。

松山　すごい本ですね。圧倒されました。ジョー・ケネディは新聞、雑誌、テレビと、メディア操作をします。そこで表に出なかった、隠された事実も掘り起こし、インタビューも何回も繰り返して……。ケネディ家は権力も財力も強大ですから、著者も徹底的に情報の量で闘ったんですかね。

井上　最初読んでいて、ケスラーはケネディを完全な悪玉にしている。悪玉、善玉のはっきりしている単純な評伝かなと思って、反感があった。ところが、どう考えてもジョー・ケネディは悪玉の親玉になるんですね（笑）。まず、彼と妻のローズ。この対照の妙は、神様が組み合わせたとしか思えないですね。片方は金と女がすべて（笑）。ジョーは六十歳過ぎているのに、九年間愛人兼秘書だったデイ・ロシエイと、セックスは日に一度必ずしたという……。一方、妻の方は敬虔なカトリックだけど、どこか欠落していて自分の洋服を買うことにしか関心がない。

井田　アメリカはよく契約社会であると言いますけど、本当に結婚も契約なんですね。その契約を守って、離婚さえしなければ夫は何をしてもいいというのがローズの立場でしょう。彼女といえども、心の葛藤はあったかもしれないけど、日本人のおかみさんだったら、婚後一年くらいで発狂してますよ、絶対に（笑）。

井上　噂には聞いていたけど、『サンセット大通り』の大女優、グロリア・スワンソンがジョーの愛人だったというのは本当なんですね。そのほかにもグレース・ケリーにジョーン・フォンテイン……。手当たり次第口説いている（笑）。

松山　金に関しては、どんなときでも儲ける手段を考える執着と才覚はすごいですね。一九二九年の世界恐慌のときもちゃんと空売りで莫大な資産を得る。禁酒法のときも密売で儲ける。禁酒法が終わっても、そのストックとほかの安酒を対にして売る。この人にかかっちゃ、何でも金になる（笑）。まるでマイダス王。

井上　権力と富と保身のために、いろんな人と駆け引きをしながら付き合いますね。ルーズベルト大統領とは本当は仲が悪いのだが、お互い利用し合う。リンドバーグとかニクソン、ＦＢＩのフーヴァー、スペルマン枢機卿をはじめとする聖職者たち、次から次へと人名が出てきて多少混乱しますが、その駆け引きの凄さには驚嘆します。

松山　ツヴァイクの『ジョゼフ・フーシェ』も権謀術数の凄まじさを描いてますが、ケネディはもっと身近だからショックですよ。

著者にはこんな〝ケネディ王朝〟をすべてのアメリカ人が生み出したという考えが基調にあります。単なる暴露ではなく自分たちの問題だとして、この本を書いたと思います。登場する一握りの権力者たちはみなしたたかですね。それを支えたのがアメリカの民主主義で、アメリカン・ドリームの頂点はこれだったのかと（笑）。

井上　ケネディ大統領に少しは夢をかけていましたが、これで彼が父親の人形、つくられたものだとはっきりわかりました。

井田　私はあまり好きでなかった人々、たとえばＪＦＫに好感を持ちました。彼もジャクリーンも、周りが凄すぎるもんだから相対的に良くなっちゃう（笑）。

井上　それはわかるな。二人とも、ジョーと比べたら、ごくまとも（笑）。

松山　日本の政治家は可愛くなっちゃいますね（笑）。角栄ごときが何だとか（笑）。

井田　でも読んでいて、なんでこんな異様な人物ができたのかというのが、最後までよくわからなかったです。

井上　やっぱりアメリカン・ドリームなんでしょうか。夢が金で買えるというアメリカ独特の仕組みがあって、それに徹したときこういう人が出てくるのでしょう。

松山　資本主義のメカニズムがどんどん突き進むと、こうした異体な人物が出てくる……。でも最後は哀れな感じがありますね。

井上　「ケネディ家の者は泣かない」というのがジョーの定めた家訓ですが、大統領まで出したものの、その晩年に息子や娘の上に超弩級の悲劇が次々に起こって、泣くべからずと唱えたその当人が泣かざるを得ない。まず長女が精神障害で、廃人のようになってしまう。

井田　期待していた長男は戦死、二女は飛行機事故。JFKと三男は暗殺。さらに孫たちまで、アルコールやドラッグの中毒患者になりますね。これ、呪いですよね。

井上　呪いがかかっているようです。やっぱり平凡がいい（笑）。

松山　ジョーが脳卒中で倒れて入院したあと、ローズは病室でファッション・ショーの如く、自分が買った服を見せびらかすでしょう。ジョーは嫌なんだけど、口が利けないからやめさせられない。そのぐらいのことはやってほしいという気持ちもあるけど（笑）、やっぱり、復讐されるんだなあ。

井上　怖い。ローズには、秘書や子供たちに話すことをメモして、服にピンで止めておく癖がありました。ドレスに飾りのように点々とメモ用紙をつけて食卓につく。ケネディ家の中で誰からも顧みられない彼女の、精神の危うさが出ていて不気味です。

井田　この本を書き得たのは、アメリカが記録の国だということがありますね。根気よく探していけば、どこかで誰かが記録を管理していて、いつかは情報が出てくる。

松山　それにしても、これだけの本にした著者の力量たるやすごいです。よく果敢にこれだけやった。

井上　こんなに圧倒されたのはもう何年ぶりだったか……。本当に凄まじい本でした。

第15回　'96年9月号

楽しい学問

池内 了
『科学の考え方・学び方』

岩波ジュニア新書／650円

松山　今回ははからずも、三冊とも学者の手になる本になりました。最初は岩波ジュニア新書の『科学の考え方・学び方』です。著者の池内了さんは宇宙物理学を専攻され、現在は大阪大学の教授でいらっしゃいます。余談ですけど、ドイツ文学者の池内紀さんの弟さんですね。

井上　あ、そうでしたか。

井田　あながち兄弟なら似るというのではないでしょうが、やっぱり似てらっしゃいますよね、文章から伝わってくる体温のようなものが。

松山　科学がどういう状態にあるのか、まず歴史的に追い、科学の最先端の課題とは何か、さらには薬害エイズや地震予知といった現代の様々な問題を、中学・高校生に向けて書かれたものですが、中高校生に独占（笑）されてはもったいない内容です。

井上　僕はたいそう感心しました。科学がどこから生まれて、どう発展して、いまはどうなっているのか、実に的確につかまえられていて、さらにこれからの科学の可能性と問題点は何かということまでが、小さな一冊に見事にまとめられているからです。

たとえば、こうお書きになっている。近代科学は、「より基本の物質に立ち返って考えると、何が起こっているかがよくわかる」という「還元主義」の方法で成功を収めてきた。ところが、今では、その方法ではつかまえ切れない非線形とかフラクタルとかカオスが科学の中心となってきた、と。これは凄い見取図ですね。科学本を開いても、ちっとも分からないから諦めてたんですけど、この本はその現代科学の考え方を実にわかりやすく説明している。文化系・理科系という分け方をやめて読んでほしい本です。

松山　池内さんがいいなと思うのは、現代科学の最先端を説明しながら、今はここまでしか分かってないんだという科学の限界を教えてくれてる点ですね。

井上　この本を読んだ以上は、もう地震予知説なんて絶対信じませんよ（笑）。地震がいつどこでどのような規模で起こるかということは、現代物理学がいちばん不得意とするカオスの問題に関わっているので、現段階では分からないんだと、はっきり書いてあります。ところが、地震科学者たちは長い間、予知できると言いつづけて研究予算を獲得してきたし、われわれもそれに引きずられてきたんですね。

松山　そのあたりは厳しく追及していますね。「予知できるという科学者は、科学者としての責任の取り方がおかしい」と。

井田　現代という時代は、科学者と一般の非専門家との関係が、非常に不幸なものになってしまったという気がします。阪神大震災の場合でも、私も含めたマスメディアの論調は、なぜ予知できなかったんだと、まるで、科学者が地震をひきおこしたような、ヒステリアに走ったでしょう。一方で学者はどんどん特異な世界の中へひきこもっていく。池内さんは、そういう不幸な関係を修復するために、相手に分かる言葉でしゃべるべきだとおっしゃってますね。その通りだと思います。

井上　「科学を数学で書き表すのをやめよう」、これも素晴らしい提案ですね。「どんな難しいテーマでも、人間が考え出した概念である限り、言葉に置き換えられるはずだから、科学者は誰でも分かるよう表現する工夫を怠ってはならない」。これはものを書くということ全般に対する、鋭い問題提起だと思います。誰もが、自分たちの考え方や言葉づかいとは正反対の立場に立つ人たちの言葉をつかって、いちばん大事なことを書かなければいけないいんですね。

科学者は結局タコ壺にはいっていたわけです。自分たちしか分からない言葉をつかって、自分たちだけで、この世界を知らず知らずの間に牛耳ってるような錯覚に陥っていた。先ほど松山さんがおっしゃったように、科学にも限界がある。それを自分たちだけの言葉と希望的観測で限界がないというふうにしてしまった。これは科学者だけじゃなくて、政治家でも誰でも、今の日本ではみんなこの落とし穴にはまってますね。

井田　科学って、社会の変化なしには生まれてこなかったわけですね。もともと哲学とか錬金術といったものから科学が生まれ、それが現在の意味のサイエンスになってからたった百年しかたっていない。要するに、趣味でやっていたものが、産業や経済の要請で、今や国家レベルの巨額なお金を使うものになってきた。

松山　それを池内さんは「科学の技術化」という言葉で説明していますね。専門化して独り歩きしていく。

井田　経済の論理で技術化の方式が決まるんだから、科学の問題は、すなわち、社会一般の問題なんだ、ということを繰り返しおっしゃってる。

井上　さらに、電力や自動車社会の問題など、われわれが日頃疑うことのない、いまの文明社会を支えている基本事項を、科学者と一緒に市民の目でもう一回見直そうじゃないかという提言をなさっています。この提言は、真剣に考えないといけないですね。

「科学は先走っていてあぶない、少し後戻りしたほうがいいんじゃないか」と言うと、必ず、「じゃあ江戸時代へ戻ればいいのか」という不毛な議論になるでしょう。これに対しても、池内さんはちゃんと答えを出してらっしゃる。「いま起きてる世界の矛盾は科学で起きたもので、科学で解決しなきゃいけない。そして普通の人たちが科学の考え方をちゃんと踏まえて、科学者と話し合いをすべきだ」。この主張は、見事です。

松山　池内さんに言わせれば、科学者も科学オタクみたいな人ばっかりになって、それがオウムの問題につながるんでしょうね。幅広くものごとを書ける、あるいはしゃべる人が、科学者に少なくなってきてることは確かです。

井上　そうですね。「『何がわかっていないかを正直に話すこと』が科学者の責任なのだ」と明言していらっしゃる。役所も同じで、これしかできませんとか、そこに道路はつけられませんとか、みんなこの態度を持たないと、これから先はやって行けないでしょう。

松山　巨大科学になって、科学者も全体が分からなくなっている。全体を見渡せて、自分たちが何をやってるのかが分かる、それが科学的認識というものなんだと、若い人たちに向かって言ってますね。科学を勉強したい人たちに、それから科学音痴の方にも読んで欲しい本だと思いました。

井田　科学は体だけは巨大になったけど、頭の方はまだ物事の是非がつかないちっちゃい子供の部分を残しているということですね。やっちゃいけないことと、やっていいことを考えようという段階に今たどり着いたということでしょうか。

井上　結局、われわれ市民がわいわい騒がなきゃダメですね。専門家は、科学的知や技術の力の限界を語り、税金を払って社会を形成してる大多数のわれわれがそれを知って、ここから前へ進むか、違うほうへ行くか、引き返すか選択しなければならない。ついにそういう時代にさしかかってきたんですね。

井田　一方で、一般人も、徳性というか、精神的に成熟しないとダメじゃないのかなあ。

井上　科学者が限界を言ったときに、「何だ、お前らそれしかできないのか」と言わないことですね。

井田　そのかわりに「正直に言ってくれて、ありがとう」と言いましょう（笑）。

『江戸時代人と動物』

塚本　学

日本エディタースクール出版部／3090円

松山　次は『江戸時代人と動物』です。塚本学さんは、国立歴史民俗博物館の名誉教授で、日本近代史がご専門です。『生類をめぐる政治』という前の本は、悪法と言われる徳川綱吉の「生類憐み令」にまったく新しい光を当てた名著ですが、その続編で、人間にとって身近な動物にも歴史があり、その歴史を辿ることによって、逆に人間の、いわゆる「民衆史」を見ていこうというのが大きなテーマです。イヌやブタ、タカ、ムシといった動物の資料を分析することで、日本人を論じた本です。

井上　内容はとても面白いんですね。あっ、江戸時代はいままで僕が考えていたのとはずいぶん違うんだ、という新発見がたくさんあって、実に触発されました。ただし、文章がちょっとねえ……（笑）。

井田　論文みたいだった。実は、私、二回読まないと内容がわかりませんでした（笑）。でも、後半の「ブタにも歴史があります」あたりから、ブタとかイヌといった具体的な動物の話になって、だんだん読みやすくなってきますね。

井上　僕などはなんとなく、江戸時代はブタや獣の肉を食べなかったと思っていた。そしてそういう思い込みをもとにして、漠然と日本人像というものを作り上げている。ところが、実際はずいぶん違うことが、この本を読むと分かる。そういった思い込みをどんどん壊していくところが面白いですね。江戸にもブタはずいぶんいて、都市のゴミ処理機能として、さらにイヌの餌、医学実験動物としても使われていたんですね。これからは時代小説を書く時、これを頭のどこかにとめておかなくちゃいけなくなった（笑）。

松山　そのブタがイヌの餌になり、イヌはタカの餌になる。タカというのは、日本では権力の象徴であって、鷹狩りはもともと天皇家や将軍家しかしてはならないものだった。戦国時代の大名たちは、名鷹を求めて、タカが巣を作るような広大な領地を支配しようとする。これが豊臣秀吉の朝鮮出兵の一つの動機にもなっていたらしい――。このあたりは、実におもしろい。

井上　この本には、恐るべき事実がいっぱい転がってますよ。たとえば、十六、七世紀では捨て子はイヌに食われる運命にあったとか、京都では病気で死にそうになった人を家の外に捨てたとか……。

松山　私たちは、生類憐み令は馬鹿殿様の思い付きのように考えがちですが、実はそうではない、というのが塚本さんの説なんですね。たとえば、捨て子、捨て病人を禁じたお触れも出てますし、イヌの愛護令にしても、江戸の野犬公害対策でもあったわけです。

井田　江戸という都市に一極集中してしまい、人が増えればイヌも増えて、カオス状態になって管理者の手に負えなくなった。その混乱をどうにかしたいということだったんでしょうか。

松山　単にイヌを可愛がることだけを目的に作られたなんてあり得ないわけで、その裏にはそれを建前にしながら、殺生や狩猟を禁じて農村の鉄砲を取り上げたり、大名が権力の誇示のためタカやイヌを飼うことを統制して、徳川幕府の権力を安定させようという狙いもあった。あるいは、民心を平定するために捨て子も禁じ、イヌを囲って、江戸が混乱することを防がなければいけない。そういった厳しい現実の中で政治は行われたと思うんです。

井上　なるほど。松山さんのお話を伺っているうちに、この本の深さがよく分かってきました。

井田　要するに、塚本さんは、人間からではなく、動物という権威が及ばないもののほうから日本を見てみようとした。イヌやムシなんて、いくら言いきかせても権威なんて分からない。そういうものから、逆に日本というものを照射しようとなさったんでしょうね。

松山　そうですね。

井上　とても有効な方法ですね。この本の冒頭に、「日本人とはなにか」という設問が、実に曖昧な形で出てくるでしょう。最初はそれが不満だったんですね。ところが、そのあとブタの歴史が出てきて、ブタは江戸時代、都会のゴミの清掃機能でありイヌの餌であり実験動物だった。そういうブタに対する蔑視が起きて、そのブタを食べる外国人に対しての蔑視が始まる。それが明治になって、ブタを食う不潔で生臭い異国の人と、清潔な神の国日本、といったイメージを作っていく。ですから、明治維新のときに、アジアの優れた食肉であるブタに見向きもしないで、「脱亜入欧」で牛鍋のほうへ走る（笑）。

ブタというものを媒介にして、次第に「日本人は何者であるか」というのがはっきりと現れてくる。

井田　一読目では私の頭ではそのへんがちょっと。二度読むと、そのつながりがようやく分かるんですけれど……（笑）。

土屋賢二
『われ大いに笑う、ゆえにわれ笑う』
文藝春秋／1400円

松山　三冊目は、お茶の水女子大哲学科の教授である〝笑う哲学者〟土屋賢二さんのユーモア・エッセイ『われ大いに笑う、ゆえにわれ笑う』です。前著の『われ笑う、ゆえにわれあり』の姉妹編で、もちろん、タイトルはデカルトの「われ思う、ゆえにわれあり」のもじりですが、初めの文章を読めばどういう本か分かりますね。「本書の設立には長い準備期間を要した。まず子供のとき、日本語をおぼえなくてはならなかった。……さらに宇宙の始まったビッグ・バンにまでさかのぼる。準備期間百五十億年、構想二分の結果が本書である」と。全編こんな調子で、趣味、料理、女性など、身近なことを哲学風に語って笑わせる本です。

井上　久しぶりにレトリックで楽しませてくれる文章が出てきましたね。嬉しい話です。この著者の特徴の一つは、意味上の「係り結び」――上にこの言葉がきたら、かならず文章はこう展開するぞという、われわれがふだん使っている文章のパターンを常にひっくり返すことですね。

松山　冒頭から「わたしは孤独が好きだ。……今度生まれてくるときは、人知れず海底で一生を過ごすウニを腹一杯食べてみたい、と思う」（笑）。

井田　大学時代、哲学科学部生だった一人として発言しますと、土屋さんのようなユーモアは、すべてとは言いませんが、少なくとも私のゼミの先生には顕著に見受けられた美点で、非常に正しく哲学の先生だと思います（笑）。

井上　哲学は、人間の頭の中にある思念を、ある共通の、狭い仲間での定義をつくり、術語をつくって、いろんな手続きで操作して人間とは何かといったような高級なことを、いろいろ考えていきますが、土屋先生はそれを完全に否定してるんですね。日常のくだらないことを日常の言葉で考えるとどうなるかということをやっていらっしゃる。

たとえばエレベーターで一階から六階に行こうとしたら二階で止まって、人が乗ってきて五階を押します。自分としては六階へ直行しようと思ったのに、結局三回止まらなきゃ行けないということになった。怒りを感じるけど、その場合の理由は「こいつが乗って来なければ早く着くのに」ではいけない。自分は正義を代表して義憤を感じているのだ、という体裁を取らなければいけなくて、若い奴なら「いい若者が、ちょっとくらい歩け」、老人だと「運動する心がけがないから、お前は老けるんだ」（笑）……。

私的な怒りでも、レトリックを使えば正義の言い方に換えることができる。だから正義というものの内容は勝手につくれるのだ、という展開をするんですよ。このへんは凄味がありますね。

馬鹿なことを言って読者を楽しませながら、実は日常の中でものを考えることの面白さと、世にはびこってるいろんな言説のインチキさを語ってるんです。相当真面目な哲学者ですよ、この方は（笑）。

井田　現象としての日常と、抽象的論理をもろともに哲学的な手法で見ていこうというのが哲学徒の正道じゃないのかなあ。ちなみに私の恩師が、亡くなるその日まで読んでいらっしゃったのはいしいひさいちのマンガだったという話です（笑）。

私がなぜ哲学科に行ったかと言いますと、一言で言えばどこか、人生の「係り結び」ができない不安からです。言わなくたって常識で分かるはずだと言われると、頭を抱えてしまう。

哲学という学問のいいところは、まず「世の中にはわけのわからないことが山のようにある」ということを教えてくれる。それから、「わかってもしょうがないことが山のようにある」ということも教えてくれる（笑）。

井上　そんなふうに遊び心にあふれた本ですね。たとえば、「嫌いな食べ物を好むようにするにはどうすればいいか解明されれば、食糧問題は根本的に解決される可能性がでてくる」という話のなかで、人類がこれまで食べられなかったものを並べるんですが、「樹木、木魚、魚拓、拓殖銀行、行水……」。実は字の尻取りをやってるんですね（笑）。いちいち冗談で展開していくから、読者は何が正しいのか、そのうちに分からなくなってしまう。

読者の頭にある固定観念とか、これまでの経験から予想される考え方を、一旦、全部目茶苦茶にしようとしてるんですね。つまり頭のマッサージ師。だから、ゆっくり読めば面白いんです。

松山　そうですね。急いで読むと、土屋さんの頭の展開についていけない。土屋さんは、常識をいちいちひっくり返すから、ゆっくり読まないと、かえって疲れちゃう（笑）。

井上　もう一つ、哲学の自己批判というか、哲学自身を笑ってるところがあるでしょう。「わたしのギョーザをとって食べた人へ」の章はその代表作です。注文したギョーザの皿が隣の席との境界線に置かれて、ふっと気がつくと四切れしかのっていない。そこでこの店のギョーザは一皿四切れなのか、一皿五切れだが隣のお客が一切れ食べたのか、それを疑うわけですね。哲学の「疑う」という根本行為を、ギョーザ一切れ誰が食べたかという次元にしてしまっている（笑）。

また文の並べ方が実にうまいんです。「女には学習機能がないという大原則がある」なんて書く。フェミニズム全盛の時代にドキーッとする（笑）。でもその後「（男にはそれ以上に学習能力がない）」（笑）。こういうはなれ技の連発。見事なものです。

土屋先生の中には、哲学とはたいしたもので、それをなんとか人びとに分かって欲しいと思っている大哲学者と、それに常に茶々を入れて、しかも相当言語技術に長《た》けた野次馬と、二人いるんですね。

井田　土屋さんも書いてらっしゃいますが、哲学なんて不要不急の最たるものですよね。哲学をやったからといって、お金が儲かるわけじゃない。それどころか、どんどん失う方向にいく（笑）。ただ日常を哲学的に見る、言いかえれば、他愛もない日常のくさぐさにいちいち首をひねっていないと生きていけない、あるいは生きていても張り合いがない。人間はそういう生き物じゃないでしょうか。

「目からウロコ」の喜び

養老孟司
『考えるヒト』
筑摩書房／1100円

井田　最初は養老孟司さんの『考えるヒト』です。脳とはなにか、心とは、そして意識とはなにかということを、脳を情報の出入の観点からみた「情報系」ととらえて解き明かしていく本です。あとがきにも書かれていますが、脳の働きがいくら科学的に解明されても普通の人間の感覚で納得できるものじゃない。正直いうと、まるきりわからない。私たちの意識や感情というものに脳というものがどう関わっているか、そこまで話が及んで初めて、私たちの生活と脳というものが結びつくわけですよね。それを目指した本だと思います。

井上　一流の科学者が自分の仕事を突き詰めていく場合、専門用語を使いますから、我々普通の市民にはまったく理解不能になってしまいます。ところが前回の池内了さんの『科学の考え方・学び方』をはじめ、ここへ来て、市民の言葉で自分たち科学者が何をしているのかを語る本が多くなってきて、大歓迎です。これはその中でも、すばらしくよくできた、奥行きの深い、かといって決して読者を置き去りにしない本ですね。とにかく面白いうえにためになります。

井田　なにより、養老節が冴えわたってますよね。

たとえば、「脳というのは、あくまでも『脳』という文字であり、『ノウ』という音声であり……」と書いておいて、「なにをいっているか、よくわからない。それでは、いい方を変えよう」(笑)。

松山　養老さんは、問題が正しいのか正しくないのか、正しいことはあるのかと、疑うべきところを疑っていくという姿勢を常にとってますね。だから一人でボケとツッコミをやってるような文章になってしまう(笑)。それですっと僕らに入りやすいんです。養老さん自身が「わからん」って言ってるんだから、わからないんだろうと。

井田　知的ひとり漫才と言えばいいのかな。読者に、「あ、わからないことがあってもよかったのね」と、安心を与えてくれる、とても上質なサービスが満載されてると思う。

井上　ときどきアレッと思うところもあるんです。たとえば、「日本人が漫画好きなのは音訓読みというものがあるからだ」というところがあるでしょう。高橋留美子さんの『うる星やつら』という漫画で、錯乱坊という坊主が「カツ!」と叫ぶ場面が紹介されています。ところが吹き出しには、「揚豚!」と書いて、カツとルビが振ってある。揚げた豚だからトンカツで、「カツ!」というわけです(笑)。養老さんは、これこそ漫画だとおっしゃるわけですね。つまり、「揚豚」という漢字は抽象図形でいわば絵。ルビは音声で、漫画の吹き出しだという。音訓読みというのは、漢字を図形、読みを音として認識している。だから、漫画と同じだというわけです。

実に刺激的なんですが、本当にそうかな、という気がしないでもない(笑)。

松山　天才タケシ先生の発想は時々、飛躍する(笑)。きっと養老さんはここで、漢字とルビ、つまり視覚と聴覚が重なった部分が言語になるんだ、そしてそれは脳の構造とも重なるんだということをおっしゃりたかったんでしょうね。その説明の材料として使ったから、妙に断定的になってしまったんじゃないですかね。

井上　この本には、そういった養老印をペタンと貼ったような独創的な見方がずいぶん入っている。そこが面白いんですね。九〇パーセントは「なるほど、そうだったのか」と思わされるんですが、一〇パーセントは、「ちょっと俺にも言わせてくれ」というところがあって、一方的じゃないところがいいんです。

井田　いい意味で、読者を挑発してくれます。

井上　たとえば、「モノ」というものを「ある対象が、五感のすべてに訴える性質を持つときに、われわれはそれをモノという」と定義するところ。ここにも感心しました。「コップは目に見え、叩くと音がする」からモノである。「夕焼けは目にしか見えない」からモノではない。情報系を司る脳の側から言葉を定義すると、実に明確なんですね。こんな説明が国語辞典にあったらなあ、と思いました。

松山　目からウロコという感じがしました。しかしそうなると、たとえばセミが鳴いていて、音だけ聞こえて見えなければモノではないのか、ということになる。そのへんが、わかったようでいてわからない部分で、ここからまた疑問が出てくるんです。不満なのではなくて、我々が考えることを解放させてくれるんですね。

井上　後半、「型」の話が出てきますが、これが身体論、演劇論としても面白いんですね。型とは身体の普遍的表現で、そこには無意識の表現を含んでいる。行儀作法でも電車の中の座り方でも、かたち、つまり型をまず教えて、それができると、伝えようとした人の中にあった無意識がかたちの中へもぐりこんでいって、そっくり移植されると言うんですね。こんな見事に説明できていいんでしょうか（笑）。

松山　考えれば、一つの「型」を覚えるには長い時間が必要です。養老さんは以前、意識が全面的に展開してしまった社会のことを「脳化」と言われましたけど、今回はもっとわかりやすくて、「ああすれば、こうなる社会」、すべてが予定調和されて、すぐに計算できなければならぬ社会。計算できないことは危機と感じる。それが社会全体をつくりだしているとおっしゃっています。その社会では長い時間を要する「型」や、予定調和されない自然は排除されていくということでしょう。そういう社会に対して異議を唱える本でもありますね。

井上　都市は人工、つまり意識でつくった新しい環境です。そこでは自然、つまり無意識が排除される。そのひとつが「生病老死」です。ですから、都市は、人間にとって予定どおりにいかない「生病老死」を嫌い、それに対処することができない。

本を読んで面白いというのは、上っ面で面白がっているときもありますが、生きている自分にどんどん関わってきて面白いというのがあります。この本は、人間としての存在、自分のあり方自体にどんどん入り込んでくるものがありますね。

井田　読んでいるうちに、自分は一体何なんだろうと、ふと考え込ませる。そこが優れた本のゆえんじゃないでしょうか。

井上　最後がまた素晴らしい。型が喪失してしまった、どうすればいいかという問いかけに「自分の身体にきいてみな」という啖呵で終わるんですね。わかんないから読んでるんじゃないかと悲鳴もあげたくなりますけど、これは衝撃でした。この本はここで終わるんじゃなくて、また次のテーマの始まりなのでしょうね。

井田　養老さん自身の中でも完結はしていなくて、あとがきで「今度はこういう本を書きたい」という意味のことを書いていてらっしゃる。ぜひ、早く書いていただきたいとお願いしたいです（笑）。

東　君平

『おはようどうわ④　おげんきですか』

サンリオ／1300円

井田　次はちょっと個人的感傷で選んでしまったのですが、『おはようどうわ』の第四巻「おげんきですか」です。著者の東君平《ひがしくんぺい》さんは絵本や童話の著書を多数遺されていますが、これは私が二十歳前後、約二十年前に毎日新聞の日曜版に毎週掲載されていたもので、見開き二ページにヒトや動物、季節を描いたお話と、一カットの絵が描かれています。

松山　東さんは十年も前に亡くなられていたんですね。忘れてました。それだけ東さんの絵は記憶に残ってますね。

井上　この作品群は主に平仮名で書かれていて、漢字は川・花・木・山・実などの簡単なものだけです。平仮名だけの文章は読みにくいという固定観念が僕らにはあるでしょう。漢字が間に入ることによって読みやすく、情報を受け取りやすくなると考えてきた。ところが東さんは、平仮名でこれだけ表現できるぞと、見せてくれた。まずそのことに感心しました。平仮名だけでもすらすら読める。漢字かな交じり文に対する再点検をしなくては、と刺激されました。

松山　東さんの絵は、シンプルで簡単に描けるようですが、実にデッサン力があるんですよ。同じように、文章も骨格がはっきりしている。だから、平仮名ですらすら読めるんでしょうね。

井上　時間処理もうまいですね。一つが原稿用紙二枚半ぐらいの短い話ですから、普通ならワンシーンをパッと書けば終りですが、東さんはその中に、季節の移り変わりをはじめ、とんでもない時間を持ち込んでいる。そこにも、高い技術がありますね。

井田　絵の中に凝縮された時間なり話なりが、実に豊富ですね。私は、なぜこれが今までシリーズ化されなかったんだろうという不満がありました。絵も文も、省略の極地ですから、好き嫌いはあるでしょうが、これは、ひとつの古典となってよかったのじゃないかと。

松山　あんまり大きな物語をつくろうとしなかったからじゃないですか。つまり、絵も話も小さな風景だから……。

　神戸生まれというせいか、どこかモダンですよね。童話というのは、民話のような泥臭さがあったり、どこか怖かったりするでしょう。そういうことはやろうとなさらなかったんじゃないかな。サラッとしてる。

　どちらかというと、大人が読むものという感じもしますね。子供が読んで面白いかというと、やっぱりいまの子供はもうちょっとあざとくないと読まないんじゃないかなあ。

井上　たとえば「あそび」という話。ジャンケンでいつもグーを出してるグズがいて、それは「ビーだまをにぎったままで、ジャンケンをしているからです」。こんな話は、子供も面白がるんじゃないかなあ。四歳半になる僕の子なぞも、こういうのが大好きですね。それから、「おもち」という話。ネズミがお正月のおそなえのもちをもったいなく思っているうちに固くしてしまって、「らいねんこそは、やわらかいうちに」と決意する。

井田　あの決意は傑作（笑）。子供から大人まで面白い世界じゃないかなあ。

松山　「たな」という話は、おじいさんが朝顔のためにたなを作ったのに、おばあさんが「りっぱにできました」といって、台所でいま洗ったふきんを干してしまった。これはいいなあ（笑）。よくあるおじいさんとおばあさんの話とはちょっと違う。何気ない話なんだけど、目の位置に少し距離があるから可笑しい。

井田　「あるところに、おじいさんとおばあさんが」という昔話の型をみごとに壊してますね。

松山　そこが面白いんだけど、子供が読んで面白いかというと……（笑）。

井上　「はるのにおい」という話の中に、「ふゆとはるが、まだらになっている」という表現がありました。僕は山国で育ったので、実感として実によくわかるんだけど、いまの子供のまわりに、どれだけこの作品群とつながるものがあるか……。

松山　難しいですね。東さんが生まれた一九四〇年頃はあったでしょうけれど。

井上　子供たちが寝床に入って聞き耳をたてていると、おとうさんとおかあさんが「（子供を）きつくしかってくださいな」とか、「それはえらい、あの子がねえ」とか話すのが聞こえてくるという「はやねはやおき」の話。これは、一昔前までは普遍的な風景でしたけれど、いまはあるのかなあ。

井田　私が読んだ頃には、すでになかったと思います。でも、私は知らないけれど、きっとそうだったんだと思わせる説得力があって、それでずっと頭の中に残っていたんだと思います。

サミー・デイヴィス・ジュニア／ジェーン＆バート・ボイヤー／柳生すみまろ訳
『ミスター・ワンダフル　サミー・デイヴィス・ジュニア自伝』
文藝春秋／3200円

井田　最後はサミー・デイヴィス・ジュニアの語り下ろしによる自伝『ミスター・ワンダフル』です。サミー・デイヴィス・ジュニアはナイトクラブに始まってブロードウェイ、映画、レコードと、五〇年代以降のエンターテインメントの世界で活躍した黒人スターですが、私は無知なことに、フランク・シナトラ一家にサミー・デイヴィス・ジュニアという人がいたという程度の認識しか持っていませんでした。黒人として屈辱的な差別を受けてきて、冗談ではなく、スターにならなければ生きていけない人だった。矛盾も沢山抱え込み、一方で公民権運動家であり、他方では酒と薬とセックスに溺れる。彼自身のこと、そしてアメリカという国について、この本で初めて知ったことが沢山ありました。

井上　僕はあまり彼を高く買っていなかった。それがこの本を読んで変わりました。サミー・デイヴィス・ジュニアという人間が違った顔かたち、考え方をもって僕の前に新しく出現した。これほど大変な差別を背負っていたのか、それにしてもアメリカは大変な国だ（笑）。びっくりしました。

井田　差別なんていう言葉では言い表わすことができないくらい、もう〝種別〟ですよね（笑）。ホテルのショウに出演しても、そのホテルには泊めてもらえない。黒人専用の安宿や楽屋の床で寝たり、カジノや高級クラブでは入口で締め出されたり……。

松山　この本は僕にとっては、六〇年代論としてとても面白かったですね。ああ、六〇年代のアメリカはこうだったのか、ということがあらためてよくわかりました。ベトナム戦争があったり、公民権運動があったり、麻薬があったり……。日本も熱っぽい政治の季節でした。そういう時代の中で、一人の黒人がどういうふうに生きていったか、何をやっていたのか、何に悩んだのか……。

井上　女優のキム・ノヴァクとの仲が噂になるでしょう。そうしたら、彼女が専属契約しているコロンビア映画の親玉ハリー・コーンが、壁にサミー・デイヴィス・ジュニアの写真を貼ってダーツの的にする（笑）。思わずドキッとするエピソードです。

井田　一方で、スターとして成功すると、今度は黒人が彼を、白人とばかり付き合う裏切り者、名誉白人として逆差別するでしょう。

差別と被差別の交差線が絡まりあい、彼の肌のようにすべてを黒くぬりつぶしている。だからこそ麻薬に溺れたり、悪魔教に足を突っ込んでみたり、死のふちをずっと歩いた人だったんですね。

井上　ほとんど殺されかかるような状況を切り開いていくために、この人がみつけた方法は常にスターでいること。これは渥美清さんと反対だけど、私生活から何から全部、過剰に露出して、カネをどんどん遣うことなんですね。このカネ遣いは、壮絶です。

井田　なんというか、消費中毒といえばいいのか。

松山　着てるものから何から、超一流のもので身を固めてないと不安だというのはあるんでしょうね。たぶん白人の男性だったらそこまでしなかったと思います。

井上　神の前での平等とか、法の前での平等とかいろいろありますが、この人はきっとカネの前での平等を目指したんですね。

井田　それしか平等がないんじゃないのかなあ。

昔も今も。
井上　ほとんど破産状態なのに、奥さんに六千ドルの毛皮をプレゼントしたり、一晩のホームパーティーの経費がなんと七万五千ドル。富んでいるが故に貧しさもケタ外れ。凄まじいですね。これだったら、普通の給料生活を地味におくってるほうがよっぽど楽だ（笑）。
松山　芸人は典型的に破滅型だと言っちゃいけないのかもしれないけど、華やかにしていなければいけないという強迫観念があるんでしょう。でも彼の場合スケールが大きい。
井田　あと、サミー・デイヴィス・ジュニアが語る他者はとても魅力的ですね。フランク・シナトラなんか、それまでは、マフィアだとしか思ってなかったんだけど（笑）。
井上　ほとんどギャングの親分。でも本当はいいヤツだったんですね（笑）。
松山　そのシナトラに子分のような立場で付いていくわけですね。それからケネディ一家と交際しますが、アメリカの芸人は、政治に近づかなかったらスーパースターになれないんだなというのはよくわかりますね。日本だったら、田中角栄とくっついたりしないでしょう（笑）。
井田　したたかでもありますね。たとえばケネディやシナトラがどれほどの人物なのかわかっているんだけど、自分が生き残るために、あるいは黒人が生き残るためには、白人の彼らのマイナス、というか暗黒面の三〇パーセントの部分には目をつぶって、プラスの七〇パーセントのほうを取ろうと、そこまで切迫してたんだなと感じますよね。
だから、ケネディの大統領就任式の話は、ショッキングでした。ケネディの選挙運動に献身的に協力し、彼は就任式に招待されて喜びます。「俺もついにここまできたか」と。しかし、式の直前

「やっぱり出席は見合わせてくれ」という連絡がくる。

井上　二番目の妻になるスウェーデン出身の美人女優、マイ・ブリット。僕は彼女のことがすっかり気に入りました（笑）。

松山　スターでありながら、サミーと結婚するとあっさり引退して、生まれた女の子と二人の黒人の養子を育てていく。離婚した後も、理想的な母親であり続ける。ここまで出来た人が本当にいるのかなあ、というぐらいの人ですね。

井田　彼女が北欧人で、アメリカ白人じゃなかったことも関係するんじゃないでしょうか。

松山　それにしても、彼が付き合った女性は、ロミー・シュナイダー、ジーン・セバーグ、それからマイ・ブリット。知的な女優さんばかりですね。それがショックでした（笑）。彼女たちのファンでしたから（笑）。彼は小柄だし、けっして美男子じゃない。でも、舞台のヴィデオを見ると、これは惚れるだろうなと思いましたけどね。

井田　この本はあえていえばタレント本に属しますよね。スターである陰でこうむるストレスや、生身の自分がいかに弱くてダメな人間かを正直に語ってます。でも、その語り口は乾いている。甘くなく、露悪的でもない。それがとても好感が持てました。

松山　そうですね。きれい事もあるでしょうが、これだけ自分のことをきちんと書けるというのは、彼が常に自分を見つめていたためでしょう。

井上　日本のタレントの方々にも、こういう本を書いて貰いたいものですが……（笑）。無理でしょうねえ。

9月　・渥美清に国民栄誉賞授与（3日）。
・野茂英雄日本人初のメジャーリーグでノーヒットノーラン達成（17日）。
・民主党結成（29日。代表に菅直人、鳩山由紀夫）。
10月　・小選挙区・比例代表制による初の衆議院総選挙（20日）。
11月　・ビル・クリントン、アメリカ大統領に再選（5日）。
・広島原爆ドーム、世界遺産に指定（5日）。
12月　・在ペルー日本大使公邸占拠事件発生（17日）。

美学をつらぬく

山口政五郎
『鳶頭政五郎覚書　とんびの独言』
角川書店／1600円

松山　最初は山口政五郎さんの『鳶頭《かしら》政五郎覚書　とんびの独言《ひとりごと》』です。山口さんは昭和六年に浜《はま》町《ちょう》（現在の中央区新川）に生まれた三代目の鳶頭で、十四歳のときから鳶《とび》の社会に入りました。町鳶の暮らし方や、お父さん、お祖父さんから伝えられたこと、ご自分が戦前から戦後にかけてどう生きてきたかといった話を歯切れのいい口調で語ったものです。いかにもチャキチャキの「江戸っ子」ですから、この手の話はちょっと鼻につく場合もあるんですが、やっぱり三代にわたって鳶を家業としてきた強みというか、僕たちが知らないことをずいぶん教えられたように思います。町鳶とは何をする職業で、東京の町というものがどう成り立っていたのかといったことがわかる、楽しい本だと思いました。

井上 何よりも、政五郎さんの口調がいいですね。歯切れのいい職人の言葉が生きていて、表現が的確だし、それでいてなんだかおかしい。つまりこれは落語の世界なんですね。落語の話しぶりが今に生きている。「浮世風呂」から落語までをつなぐ生き生きした精神が跳ねています。だから読んでいて面白い。文章に、次はどうした、次はどうしたという、前進する力があるんです。まずそこに感心しました。

井田 私、この本を読んで、鳶というものが初めてわかりました。正月には門松をたてる。婚礼があればお嫁さんの荷物を受けとる。子供が生まれれば七五三のお供をする。男の子だと、鯉のぼりを立てる……。つまり、町内の冠婚葬祭を取り仕切って、町の予定調和をつくる仕事なんですね。

井上 町内に旦那がいて鳶がいる。裏長屋があって店子《たなこ》がいる。その構造の中で、鳶の者がいい意味で町内をかき回しながら、折々の行事を、「演じる」という感じで支えている。人間がいかに町や共同体と一緒になって生きてきたかがわかりますね。

井田 とは言うものの、今では共同体はほぼ完全に失われてますよね。だからこそ山口さんの世界は面白いと思う一方で、この予定調和の世界にはなかなか入っていけないような気もする。よそ者は自分の土地に帰って、そこで予定調和の世界をつくればいいじゃないか、と山口さんはおっしゃるわけだけど、そうはいわれてもなあ……というところもちょっと。

唐突なようですが、私は「江戸っ子」の魅力は酷薄さにあるんじゃないか、と思ってるんです。薄情というのじゃないけど、情に粘りがなくて飽きっぽい、特に人間関係において。でも、人間には飽きっぽいのに、ものには凝り性であったりして面白い。

松山 井田さんは酷薄とおっしゃいましたが、生きて行くためのルールかな。本の中に、「達《たて》を引く」とか「達引き」という言葉が出てきますね。人との関わり合いの中で義理や意気地を立てるという意味で、たとえば町内に自分の子供と同い年の子がいると、「学校でうちの倅《せがれ》の方が成績がいいと申し訳ないから」と、他の小学校に通わせる。まあ、これは極端な例ですが、自分が前に出ないで人を立てる。といっても、遠慮ではなくて、相手を思いやるんだけど、どこか突き放すという感じ……。

井田 引け目ではなくて、強者としての思いやりですね。

松山 というよりも煩わしいことを避ける。井田さんの言うように予定調和の世界ですが、そうしないと仕事もうまくいかない。

井上 江戸っ子というのは一種の芸術家なんですね。だから、子供みたいなところがある。鳶はその代表格なんです。なんか今日は火事がありそうだなと予感すると、そわそわして、火事場装束でわらじ履いて寝たり、五月の雨の日にしか着ることの出来ない装束があって、それを人に見せびらかしたいために雨を心待ちにしたり（笑）。人に見てもらいたいという気持ちを純粋に死ぬまで保ってる人たちですね。こういうときはこうだと、世間の知恵で悪い達引きを覚えて、だんだん面白味がなくなってくるのがわれわれ一般人ですけれど、彼らは、十六、七歳ぐらいの感覚のままずっといる。これはまあ、すごいと言わざるを得ない。

男がどう動けばいちばんカッコいいか、きれいか、美しいか、イナセか。そういう江戸っ子の絵図面があって、それにいつも合わせて行動する。これはもう総合芸術ですね。

松山　子供というのはよく分かるなあ。僕の父は石工の職人で、「め組」の田中さんという頭、この方は鳶の世界では著名な人でしたが、幼馴染みなんです。親父は錦時《きんとき》という妙な名ですが、頭は突然、うちの格子戸を引いて「トキちゃんいるか」。親父も、「なんだいヨンちゃん」。六十すぎて、まだそんなこと言ってる。僕はそれが子供のころは、すごく嫌だった（笑）。

井田　私、これまで鳶が火事の時に屋根の上で纏《まとい》をぶん回しているのが、絵で見ても、芝居で見ても不思議で仕方なかったんですね。要するに火を消せばいいんだから、水をかけりゃすむじゃないかって野暮なことばかり考えて。それがこの本を読んですっきり解けました。ただ無意味にやってるんじゃなくて、やらなくちゃ収まらない。ふつふつ沸くなにものかがあるんですね。

井上　男の美学というやつですね。こんなこと女の人はやらないでしょう、ばかばかしくて（笑）。

お祭りのときに、金を倹約して余りを出すのは絶対によくないと山口さんはおっしゃっている。旦那衆からいただいたお金は惜しげもなく全部使って、なおかつ二倍も三倍もかかったように見せるのがいい。これも面白い感覚です。

井田　祭りは華が命だ。そこに小市民的合理性を持ち込んではいけないと（笑）。

松山　昔からの職人の知恵も、なるほどと思いました。直射日光に当たると体力を消耗するから、必ず長袖を着て、絶対脱がないんだとか。

井上 重いものを持つ時は、手拭を口で嚙むんですね。これでやっと長年の謎が解けました。昔、錦之介と美空ひばりが、火消と町娘になって出てくる映画があったんですが、錦之介が材木を持つとき、必ず手拭を口にくわえるんです。なんだろうと思ってましたから。しかし、こういった世界は、いまどんどんなくなりつつありますね。

松山 明治に入って、家主制度と町火消が解消されて、町の組織が変わったんだなと思いますね。しかしそれに代わる自治組織を明治政府も生むことができなかったから、町鳶の方が下のほうから町を経営してきたんじゃないでしょうか。

井上 すべてが壊れてしまっている、だからこそ懐かしいのですね。

宇野千代

『不思議な事があるものだ』

中央公論社／1100円

松山 今年は、ずいぶん作家の方が亡くなられましたが、宇野さんも、六月十日に九十八歳でお亡くなりになりました。『不思議な事があるものだ』は、その宇野さんの最晩年の短篇小説七篇、単行本未収録の旧作四篇と最新エッセイ五篇を収めたものです。

以前、この本に収録されているいくつかの短篇を雑誌で読んだときに、度胆を抜かれたんです。昔噺のようでいて、実は今のことであり、筋があるようなないような、登場人物の性格ははっきりしない、奥が深いのか深くないのか分からない、それでいて十分面白いし、記憶に残ってしまう。こんなものを、九十を越して書かれる人はどういう人なんだろうと思いました。それで今回選んだのですが、正直なところどう書評していいのか、僕には分からない（笑）。

井田　それこそ、何度読んでも「不思議な事があるものだ」と思うだけで、何をどう言っていいのか（笑）。

こんなことを言うと失礼でしょうが、読んでいるとなんだか怖くて怖くて（笑）。怪談の怖さでも、スリラーの怖さでもない、女性が持つある側面の怖さだという気がするんです。

九十八歳になっても生きて、なお書き続けているという凄み。普通の人間なら、四十を越えたら、書きたい欲求も含めてだいたいの欲望の半分は萎えるでしょう。でも宇野さんは諦めない。その迫力なんじゃないかなあ。

井上　第一に感じたのは、散文の幅広さと奥の深さということでした。小説、エッセイといった散文はどう書いてもいいんですね。この本にも辻褄が合わない部分がたくさんあります。それでも読み手に感動を与える。散文はすごい表現形式ですね。

それに、宇野さんは自分の言葉というものをきっちりと持ってらっしゃる。人間認識といったものも含めた言葉の柔らかさというのかな。それがある限り、散文は書けるんです。

松山　そうですね。独特の言葉遣いですが、井田さんのいう怖さと重ねると、小説のなかで時間も空間も止まっている感じがします。「一ぺんに春風が吹いて来た」という作品があります。「私」は隣の定吉という庭師を好いていた。ところが、ハワイ帰りの女とその連れ娘が定吉の家に住み込んでしまう。ある日、定吉の所から紙つぶてが飛んできて、「助けてほしい」と書いてある。定吉の友人たちとともに定吉を助け出し、その後、私と定吉は夫婦になる……、そういった話です。筋自体も奇妙だし、みどりという娘が悪い人なのかいい人なのかもわからない。そして最後に全部よくなって終わってしまう。

井上 悪しき近代主義で読むと、辻褄の合わないところがずいぶんあります。「みどりが、植木鉢に使ふ大けな石を、あやまつて蹴とばし」て、「ちやうどこのわしの足に当つたのぢや」。当たったほうは怪我してるのに、蹴とばしたほうは平気……(笑)。こういうことを平然と書く。頭の中の働きに忠実で、辻褄を合わせたりしない。それがまたこの作品の魅力にもなっています。

松山 テーマはずっと恋ですね。その瞬間に他のことが一切消えてしまう凄さですかね。実生活においても、宇野さんは凄まじい恋愛をしてこられた。東郷青児に呼ばれて行って、その日から同棲生活を始めるとか、どこかでふと横に座った男とそのまま駆け落ちするとか。

井上 大正末から昭和初期にかけての女性の凄さですね。日本が第一次世界大戦で、まがりなりにも世界の一等国になる。そこへ大正デモクラシーという人道主義が入ってくる。ロシア革命が起きて、人道主義がマルキシズムに移行していく。さらに関東大震災があり、金融恐慌が起こる。この十五年ぐらいのスピードは猛烈なものがあります。その中で、女性の社会進出の動きが一気にふき出してくる。女性アナーキストがいて、共産党員がいて、モダンガールがいて――、宇野さんはその時代のヒロインです。

松山 その最先端にいたんでしょうね。彼女がつき合った男は、東郷青児であり、北原武夫であり、いずれも時代の寵児たちですよね。

井上 しかも、絶世の美女だった。

井田 あわわ。そうだったんですか。

松山　年を取られても綺麗だったけれど、若い頃の写真を見るとゾクッとするほどの美人ですね。

井田　恋愛というのは、十七世紀だか十八世紀にヨーロッパで生まれた病理だという説を仄聞《そくぶん》したことがありますが、病理だって、九十過ぎになるまでずっと持ち続けられれば凄みに転じるんですね。

松山　その病理は個人主義の誕生と重なるのでしょうが、先ほどの山口さんとは対照的に、宇野さんは女性の美学で生きぬいた人といえるかもしれませんね。

「自然だけではなく人間も変つた」というエッセイの最後に、「ここに書いた人は、もうこの世には誰もゐない。今は私だけが生きてゐる。なぜ私だけが生きてゐるのか、考へたこともない」とありますけど、こう書いていて、実は反語的に考えているわけですよ。最後の締め方が、逆転した言い方でぽんと終わるんですよね。「おたよの恋」は、娘の恋を思いやって親父が自殺する。ために恋人が来なくなるけれど、それが嬉しかったという終わり方をしてます。バサッと切って、その切り方が、凄まじい……。

井上　宇野さんは意外に恋愛を信じてなかったんじゃないかという気もするんですが。父親や弟といった肉親を信じながら、恋愛に触手を伸ばしている。そこがまた枠にはまらない面白さなんですね。

井田　たぶん恋愛っていうのは、人と人の境をぜんぶなくして、男から、また女から精神的な背骨を引っこ抜いて、実に奇妙なものに変えてしまうものなのかもしれませんね。挨拶もなく人の中に踏み込んでぐちゃぐちゃにかきまわして、極端なことをいうといったい自分は誰なのか、この人の夫なのか妻なのか、妹か弟か、兄か姉か、分からなくさせてしまう怖さがある。

松山　その感じはよく分かる（笑）。井上さんがおっしゃる通り、恋愛が持続することとは信じていなかった。それにしても幸田文さんがいらっしゃる一方で、宇野さんがいたというのは、日本文学の豊穣さでしょう。

青木新門

『納棺夫日記　増補改訂版』

文春文庫／４５０円

松山　次は青木新門さんの『納棺夫日記』です。青木さんは、飲み屋をやりながら詩や小説を書いていらっしゃったんですが、お店が潰れたのを機に冠婚葬祭会社に入社して、死体を湯灌《ゆかん》、納棺する仕事に就かれました。「納棺夫」という言葉は辞書にはないそうですが、お棺に死体を納めるその仕事をしながら考えたこと、体験したことを綴った日記をもとに書かれた本です。三年前に桂書房から出版されたものを、今回文庫化するにあたって大幅に加筆、再構成して増補改訂版という形になりました。

井上　納棺夫という不思議な仕事に就いて死体を湯灌したり、棺桶に入れる。そのさまざまなエピソードや苦労話は、ショッキングでもあり、また人の死というものについて、深く考えさせられますね。青木さんがしようがなくこの仕事に入って、その毎日から、だんだん人間の根本である生と死に視点を移動させていく記録です。やがて青木さんは、人間が死ぬとはいったいどういうことかを、親鸞を媒介にしながら本気になって考えていきますね。そうすると、当然死と表裏一体の生の意味が浮かび上がってくる。読む者の胸を打つ作品になっていると思います。

松山　その本気で死を考えている、最後の第三章が摑みにくかった印象があります。文章が分からない、のではなくて、その奥行きというか深さが。こんなふうに死や宗教について考えたことがないので、いろいろ考えさせられるんですが、まだまだ分からない部分がある。十年経つと、違う読み方ができるんじゃないかとは思うんですが。

井上　死を真正面から見つめてそれを受け入れると、その先に光が見えてくるという話が出てきますね。そして青木さんは、死はそんなに怖いことではない、死を向こう側から受け止めることができれば、そう辛いことではないというところまで到達していく。これを読むことで、僕も含めてですが、ずいぶん救われる人が多いんじゃないでしょうか。

僕は十年前に医療ミスで死にかけまして、臨死体験をしてるんです。どうも僕の頭の中はずいぶん幼いようなんですが（笑）。その時、白樺の林の中を馬車に乗ってシャンシャン、シャンシャンと走っていくのが見えた。向こうにはきれいな光があって、そこを気持ちよく走っていく。「これが死ぬということなら、そんなに怖いことじゃないな」と思いました。その時の体験からしても、青木さんは死というものを相当正確につかまえてらっしゃる気がするんですね。

井田　人間って誰でも一度は死んでみたいのに、不幸なことに一度しか死ねませんよね。一度死ねたらいろいろ分かって面白いだろうと思うんだけど、死んだら終わりだから何も分からない。だから、他人の死をたくさん見ることでしか死を分かることができないのが、人間の哀しさだと思うんです。

私もいくつか人の死を見てきたんですが、ある時、友人が急病で死んで、何日もたってやっと発見されるということがありまして。その時に感じたのは、「可哀相だ、無残だ」ではなくて、「人間は肉と骨でできているんだ。なんだ、こんなものなんだ、それなら気が楽になったなあ」ということでした。人の死をたくさん見せてもらうことによって、救済――というと大袈裟なんですが、あんまり怖がらなくてすむようになりますね。

　そういう点で欲をいえば、第三章で親鸞やアインシュタインや宮沢賢治の言葉を引用せずに、青木さんが到達したものを、青木さんの体験の言葉で書いていただければ、もっと面白かったかなあと思いました。

井上　敢えて著者の側に立ちますと、青木さんは、死について自分自身で考えに考えてそこまで辿り着いたけれど、これはまったく主観的で、個人的で偏《かたよ》った考えかもしれないと不安になったんじゃないでしょうか。そこで、あの人もこう言ってる、この人もこう書いていると、自分の考えを点検したかったんじゃないかと思うんですが。

松山　現代の宗教家に対する強い懐疑をお持ちなのでしょうね。本の中で何度も繰り返されていますが、日本の仏教の僧侶たちは、お経を上げるだけで、死にも宗教に対しても向かい合っていないと、いやというほど感じていらっしゃいますね。それで、もう一度、自分自身で宗教を考え直そうとして、親鸞を読まれたんでしょう。

井上　われわれはいつまでも生きていられるという、楽天的な思い込みがあります。だから、死ぬという現実が必ずくるんだということを閉め出している。医者も私たちも、生の部分だけに立脚して世の中をつくりますが、それがいかにだめか、よく分かりますよね。

松山　納棺夫として見ていると、死者は、悪人もやくざの親分も、みんないい顔で死ぬとあります。ここで救われる人はいるでしょうね。

井上　宮沢賢治をずいぶん引用なさってるでしょう。賢治の童話で特徴的なのは、死ぬ前にみんな微《かす》かに微笑しているんです。死ぬ瞬間にニッコリすることができれば、その人は自分の一生を全部肯定できる。でも、その直前の意識が、「この野郎」とか「苦しい」だと、その人の一生はいやな一生になってしまう。死ぬ瞬間が大事な気がするんですね。

著者は、死ぬ瞬間の意識の逆転にかけてるんですよ。この本では光と考えていますが、死を受け入れて、あとに残していく人たちや自分が過ごしてきた年月の記憶に対して感謝して、そのときぱっと意識が切れたら、その人は幸せだった……。著者のこの考えは、僕にはとてもよく分かるんです。

松山　青木さんの立場からも、家族の立場からも、そうじゃないと救われないですね。ただ、どうしたって怨みを持って死ぬという場合もあるはずですよね。日本には御霊信仰《ごりょう》が根強くありますし。宗教はたしかに大事なことだし、言っていらっしゃることは心に滲みるんですけれど、憤怒の表情で死ぬことがありはしないかと……。

井上　その点については、きっとこれから考えてくださると思います。

井田　ぜひ『納棺夫日記』の第二巻を書いていただきたいと思います。お書きになって下さい。青木さん。

第18回 '96年12月号

個性ある人びと

モリー・カッツ／山田久美子訳
『だれも信じてくれない』
文春文庫／660円

井田 最近日本で、時折〝ストーカー〟という言葉を見かけますが、実態はまだはっきりしていません。アメリカで言うストーキングとは性行動異常の一種で、特定の個人、特に女性に執拗な執着を持ち、法犯罪すれすれの病的嫌がらせをすること。アメリカでは社会問題のひとつとなっていますが、モリー・カッツの『だれも信じてくれない』は、スターの階段を昇りつつあるボストンの女性テレビ・キャスターの主人公が、ロサンジェルスで出会った恋人が実はストーカーで、どんどん追い詰められていくサイコ・サスペンスです。

松山 僕は、これはうまいし、同時に甘いなと思いました。最初と最後はハーレクイン・ロマンスそのままでしょう。これから売り出そうという美女が、美男子と夢のような一夜を過ごすというところから始まります。ところが、途中でどんでん返しして、ストーカーに追い詰められていくあたりはたいへんうまい。それに一件落着と思ったら、シュワルツェネッガーの映画みたいに、もう一波瀾あって終わらない（笑）。これは実に怖い。

著者は、女性読者を惹きつける要素をよく分かってますね。主人公は男を見る目がないけれど、ロマンティックな体験をさせて、一度それをひっくり返しながら最後はやっぱり実直な男がいいんだというところに戻る。そのへんが、よくできてるなあ。

井上　おっしゃるように、最初の八分の一ぐらいまでは話がちゃちで、こんなに簡単に話が進んでどうするんだろう、と思いました。ところがこれがじつは罠だった。主人公のリンがグレッグとの恋に不安を感じ始めるあたりから、話の質がぐんと上がって、迫力がでてきます。うまいもんですねえ。

井田　グレッグのストーキングぶりがリアルで、女性にとっては本当に怖い。リンにだけわかる嫌がらせのプレゼント攻勢に始まって、姿は見せないけれど近くにいる痕跡を残す。留守番電話には卑《ひ》猥《わい》なメッセージを残すけれども、自分の連絡先は巧妙に隠しておく。とどめは、一番大事なトーク・ショーの撮影中、リンの白いドレスのスカートに赤い染《し》みが広がる薬品を付着させる嫌がらせ。これならリンならずとも不安と孤独に追いやられるだろうなあ。

松山　クレジットカードを使えなくさせたり、警察の捜査状況を把握して裏をかいたり、やられたら怖いな（笑）。

井田　グレッグの嫌がらせは、女性の神経をズタズタにすることにおいて的確無比ですよね。

井上　しかし、リンのほうになにか逆襲する手立てはなかったんですかねえ。

井田　リンを助ける刑事のマイクの助言は極めて正しいんじゃないですか。自分の力を放棄してはいけない。そして、ストーカーは、被害者が誰にも言えないことを前提にしてやっているんだから、逆手にとって、自分がストーキングされていると言えと。

一つ難をいえば、グレッグが、いくらなんでも完璧すぎる。天才ストーカーとして描きすぎていますよね。

松山　万能の人でしょう。錠前破りがお茶の子さいさいで、筆跡や声色の真似ができて、薬物の知識があって、コンピューターも操作して、おまけに映画俳優とも見まごう美男子（笑）。

井上　これなら他にたくさんいい仕事がありそうだ（笑）。

松山　こんなケチなことしなくたって、何でもやりたいことできそう（笑）。そこが娯楽小説なんでしょうけどね。

井田　それから、だんだんグレッグのストーキングがエスカレートして、犯罪への一線を超えていくのに、自分でも歯止めをかけられなくなりますね。ストーキングは犯罪的だけど犯罪として立証できないところに価値――ストーカーを褒《ほ》めているようですけれども（笑）――があるのに、天才ストーカーが、自分の行為そのものに魅了されていって、単なる犯罪者に陥らざるをえなくなってしまう。そこの葛藤が面白かったですね。

松山　リンはマス・メディアの寵児で、表の舞台のスターとして成り上がっていきますね。それに応じて、裏の舞台の天才的なストーカーが、本来いじいじした世界の住人なのに、羽目を外してその世界からとび出ていってしまう。両方が枠から出る、表と裏を対比させた緊張感がうまい。

井上　有名になるということは、たとえば立派な小説を書く、いい絵を描く、上手に歌をうたうというふうに、自分の持っているものを具体的に人々に提示して、それが評価されていくのが普通の形ですね。でもテレビのキャスターはちがう。ちょっとしたお喋りや人捌《さば》きの上手さとか、気配りがきくとか、いろんな才能がきっとあるに相違ないんですけれど、それがよく見えない。それでなんとなく人気が根なし草のような、頼りない気がするんですね。ふわーっと人気が上昇、膨張していく中に空洞ができて行く。その危うさにグレッグがつけ込む。だから、主人公がたとえば女彫刻家だったら、この小説は成り立ちませんね。作者はやはりいいところに目をつけたんだ。

井田　この小説はアメリカの病理をよく描いてますね。リンはスターだけど、極めて自己評価が低く、そのため薬物依存の問題を抱えている。グレッグは、両親がブラシ奴隷といわれる、召使以下の仕事をしていて、だからこそ、誰よりも支配欲が強烈。

もう一つ、西海岸と東海岸の対比も巧みだと思いました。リンは東海岸に行って成功するけれど、太陽に灼《や》けた、ひきしまった肉体のいかにも西海岸風のグレッグを前にして、自分は、なまっ白い身体だから水着なんか着られないと言い、ダイエットしたり、フィットネス・クラブに通ったり、大忙し。東海岸の人間は西海岸に、圧倒的に肉体的なコンプレックスを持つようですね。

井上　アメリカの東部と西部。これがなかなか日本人には分からないですね。

いまの若い人は、カリフォルニアというとアメリカを連想しますが、僕らの世代は、カリフォルニアは西部開拓地の、そのどんづまりだと想像してた（笑）。あるいは、さきの戦争が始まって間もなく、十二万人の日系人が強制収容所へ入れられたところという印象が強いのです。

井田　西海岸に価値が生まれ始めたのは、ちょうど私の世代ですね。私なんか、恥ずかしながら、三十四ではじめてサンフランシスコに行って、ロスにしかない椰子《やし》の木と青い海を探しちゃった（笑）。

松山　それにしても、やっぱりストーキングは人に相談できないですね。相談しても、相手はあなたのことが好きなんじゃない、と周りは思い込んじゃいますからね。

井田　それこそ、誰も信じてくれないと思いますよ。

井上　でも「だれも信じてくれない」って、ストーカーに狙われていなくても女性はよく言いますよ。これは女性の十八番《おはこ》のせりふだな（笑）。ということは、タイトルのつけかたも上手なんですね。

池内　紀
『モーツァルト考』

講談社学術文庫／760円

井田　次は池内紀さんの『モーツァルト考』です。モーツァルトをいかに理解し、その作品を聴けばいいのかを、モーツァルトが生きた十八世紀のヨーロッパ社会を考証しながら解いていく本です。当時の交通手段や町の構成、国家の観念はどうだったのか、あるいはスポンサーになる階層の様変わりはいつ起こったのか、それを知った上で聴けばいいんだと。芸術は、すべての時代を超越する普遍だなんて知ったかぶりを言わずに、音楽も音楽家もやはり時代の子なんだということを、実にうまくお書きになっていらっしゃって、脱帽いたしました。

松山　ともかくどーんと元手のかかった仕事ですね。それをひけらかさないで一歩下がって書く。これがすごいなと思う。まさに池内さん好みの世界ですね（笑）。

井上　僕は、ベートーヴェンの世代なんです。永くベートーヴェンがいちばん偉いと思ってた。だからいまのモーツァルト・ブームが少しくやしい。

ところがこの本を読んで、モーツァルト観が変わっちゃいました。とにかく、人間として面白い。しかも、モーツァルト・ブームを支えている神話のかずかずが、片っ端から壊されていくでしょう。デブで小柄で、それを衣装でごまかしていたというふうに、偶像視されている金ぴかのモーツァルト像を一旦ぶち壊して、もう一度魅力ある人間としてつくり上げたところが、まことに見事です。

松山　モーツァルトの借金の原因は、衣装とインテリアでしょう。当時の背広にあたるフロックやシャツ、下着類を大量に持っていて、色も青や真っ赤の派手なものばっかり。引っ越し魔で、部屋を取っかえ引っかえ移っては綺麗に替えて……。いまの日本人から見ると、ほとんど女性の世界ですよね（笑）。

井田　あと、こういう金銭感覚の無茶苦茶な人がいると、励まされます（笑）。稼ぐときはどんどん稼ぐけど、貯蓄という観念はゼロ。有り金を全部使っちゃって、死ぬときは無一文。でもモーツァルトの死後、ナポレオン戦争が起きてインフレになったから、やたら貯蓄に励んだハイドンはかわいそうに、パーになったという話は、とても嬉しかった（笑）。

井上　われわれは国家や政府に、幻想を抱きすぎるんですね。こういうふうに、勝手に生きよう、国家なぞは他人事のようにね（笑）。

松山　当時は自分が楽しむことが大切で、人を驚かしたり、びっくりさせることが喜びで、相手が素直に喜んでくれるとまた嬉しいと。彼は天才で、しかも当時は子供時代という概念がなかったと指摘されていますが、実は彼は生涯子供だったのかもしれない（笑）。

井上　そう、死ぬまで子供だった（笑）。

井田　ただ、彼の基本には孤独がありますね。それは単に一人でひきこもった結果としての孤独ではなくて、社会や他者との関係性の中での、個の孤独で、そこに苦いものを感じますね。

松山　フランス革命直前の、遊戯人とでも言うべきこの人たちの姿を読んでいると、これからはこうやって生きるべきじゃないかと思いましたね。井上さんはベートーヴェンがお好きかもしれないけど、生真面目で、ずーっと苦悩していくタイプよりは、人生を楽しむ人が生き延びていくんじゃないでしょうか。

人間にとっていちばん大事なことを、難しいことは言わずに、モーツァルトを媒介にして面白く語ってるなあと感心しました。

井上　いま日本国の借金がいくらいくらあると聞かされて、日本人の一人として、日本はいったいどうなるんだろうと心配になったら、これを読むのが一番です。国がなくなったって、日本人と日本語はちゃんとあるわいって、陽気になりますよ。

松山　そういう大きな話のなかに、当時の細かい話が出てくるでしょう。馬車旅行の様子や、旅行に持ち歩く携帯トイレがあったとか。路上に糞尿が落ちてるから、女性を背負う背負い屋がいたとか、ノミが多くてノミ取り器があったとか、影絵が流行《はや》ったとか、ちょこちょこ出てくるのが面白い。

井上　ケストナーの『ザルツブルク日記』を読んで以来、ザルツブルクに憧れていたのですが、もう行きたくなくなっちゃった（笑）。

松山　あとがきで、日本人はモーツァルトというと、神様みたいに真面目にありがたがるけれど、二百年祭のときにウィーンに行ってみると、大げさに騒いでなかったという話がありますね。没後二百年のポスターがあったのでよく見たら、その町のケーキ職人が死んで二百年だった（笑）。さらりとこんなことを書くのは池内さんらしい。

井田　そういえば、全編通してモーツァルトにご自分を託して書いていらっしゃるんじゃないかという気がするんですけれども……（笑）。

松山　当時は料理人が音楽家より偉いでしょう。音楽批評も、「おいしく」とか「甘く」とか、料理の言葉を使いますよね。これはこの時代を表わしてますね。同じ時期、大建築家が弟子たちに、建築の勉強をするにはまず料理を学べと言っているんです。英語の「テイスト」にあたる言葉が、味と共に趣味という意味に重なっていた。この時代は、食べること――つまり楽しむことが最大の喜びだったというのがよく分かります。

井田　私は世の中全部が「吉野家の牛丼」になってほしいとひそかに思っていて……。でも、すべてがテイストでできてるんですね。私、ヨーロッパに行くのやめます（笑）。

井上　そういう次元のもろもろを、本当に分かりやすく書いていますね。私たちが真に国際化するには、こういう優れた本を読んでればいいんです。

中野　翠

『会いたかった人』

徳間書店／1500円

井田　最後は、中野翠さんの『会いたかった二十九人の人』です。中野さんが会ってみたかった人たちの魅力、人物伝をお書きになった本で、登場するのはジョージ・オーウェルや古今亭志ん生、福田恆存など、東西の作家や評論家、役者などです。

中野さんは、明らかにおじいさん好きの人で、でもじいさんであれば誰でもいいのではなく、基本的にずばぬけて素敵なじいさん好みでいらっしゃる。男性に対して、男性に媚《こ》びる女性に対してよく辛辣なことを言っておられますが、実は、大変男性に期待なさっているんだと、これを読んでよく分かりました。

恣意的な紹介をしますと、じいさん、かくあるべし、という本だとでも申しましょうか（笑）。

松山　中野さん自身、だんだんご隠居さん趣味に入ってますね（笑）。

この本は、一人一人書かれた人物について知ってると物足りないでしょうけれど、あんまり深く掘り下げていくと、中野さんの最初の感性、見方が狂ってしまう。たとえば田中清玄にしても、左ト全でも、深く解釈していくためには何かべつの物差、道具が必要になりますが、中野さんはそれを拒否して、あえて一筆書きにこだわった仕事じゃないかなと思いますね。

井上　確かに、最初はすべて個人の実感から始めなければいけないから、実感にこだわるのもいいと思うんですけれど、しかし同時に実感から離れる努力をしないと、もう一つ上に行けない。ところが中野さんは実感絶対主義者なので、いままで僕はちょっと馴染めないなと思ってたんです。でもこの本は、その実感で「会いたかった人」のことを短文で書くという仕立てがうまくいってますね。つまり企画がすぐれている。

そして、このところ全盛の新言文一致体の一つの頂点ですね、この文章は。しっかり書きつつ、話し言葉でちょっと外す。それがうまい批判にもなっている。読者がちょっと息抜きできるようなサービスも、実に見事にやっています。

ただ、志ん生や樋口一葉といった、こっちも多少知ってる人のことになると、これはちょっと違うという気がしましたが。

井田　でも普通は、ぱっと見で好きか嫌いかを決めると、まず間違いが多いと思うんです。ところが、中野さんはあまり間違えない。これはすごいんじゃないでしょうか。

井上　そこが中野さんのすごみ。だから実感主義者の代表格なんでしょうね。

松山　ケチな男は絶対認めないでしょう。年下の恋人との別れ話の最中に、仲裁役で来ていた恋人の先輩を撃ち殺してしまった「〝美人ママ〟Ａ」の話がありますが、宥《なだ》めるようにして関係を迫って殺された男、あるいはスキャンダラスに報道したマスコミに対しての嫌悪感がよく分かりますね。

井上　この項は正真正銘の傑作です。珠玉の一篇だな。この本に出てくる人はたいてい死んだ人で、中野さんはその人物についていろいろなものを読んで、腕を振るいますね。でも、関係者がまだ生きてるかもしれない「〝美人ママ〟Ａ」や「高校生Ａ君」の出来がすばらしいというところが面白い。

井田　「〝美人ママ〟Ａ」は、『会いたかった人』というタイトルに反して、生きていても会いたくないと書いてらっしゃいますね。でも実はそういう種類の人をお書きになるともっと面白いんじゃないのかな。

井上　同時代に生きていると、その事件について正当な評価を下すことは難しい。ひょっとすると、中野さんはなんとなく安全な線を狙って物故者を取り上げていらっしゃるのかもしれない。ところが、この本の中でも白眉というべきものは、同時代人を扱った項なんですね。

松山　まだ生きてるから文章にも緊張感がある。

井上　逆に淡島寒月、三田平凡寺、内田魯庵、依田学海、中里介山と来ると、だんだん理に落ちてくる。

松山　取り上げている人が、明治の頃の、いわゆる奇人が多いでしょう。もう少し時代のこちら側で遊んでいただくといいような気もしますね。

井田　じいさんの理想形は、死んだじいさんであるというのは自明の理なので、そこを抑えて、もうちょっと生臭いものをお書きになったらどうだろうか。いまの時代が好きじゃないというのはよく分かりますけど、でも生きてるのはいまですから……。私、中野さんにご隠居になっていただきたくない。

松山　そうなんです。でも、なりたがってるんだなあ（笑）。

井上　中野さんは流行りものがお嫌いですね（笑）。そのくせ流行りをつくろうとしているところが、また面白い。

それから、大衆が嫌い（笑）。「福田恆存」では、福田さんの二元論をもとに必死の格闘、自分の大衆嫌いを語っています。手の内をさらけ出して見せてくれている。実にスリリングでした。

松山　時々違和感と言いましょうか、この中の何人を本当に好きなのかなあ、と感じるんです。嫌い、好きはべつとして、いつも距離があるんですね。その距離のとり方が彼女のうまさなんでしょうが、絶対のめり込んではいかないでしょう。

井田　のめり込んだらノンフィクションになるからじゃないですか（笑）。ノンフィクションは、事実という狂気に向かい合う作業ですから、対象と尋常な距離は保てないと思います。私見に過ぎませんが、中野さんはこの距離を越えないように、ノンフィクションは書かないぞ、と頑張っていらっしゃる気がしますね。これだけの才能があったら、あっというまに私なんか及びもつかないノンフィクション・ライターになっちゃうのに、八〇〇字ライターと自称して書かない。すごく依怙地《いこじ》（笑）。

ただ最後に出てくる、ご自分のひいおばあさんの中野みわさんに関してだけは、いつもの中野さん流の距離がとれてないですね。だから、みわさんのことは、一冊になるくらい長く書かれたら、どんなものだろうかと思います。

松山　中野さんは辛口コラムニストとよく言われるけれど、常識の上で逸脱しない、中庸のところからものを見る人ですね。だけど、ちょっと逸脱した方が面白いかな。

井上　中野さんのやろうとしていることは、常識は絶対に外さないで、本質に迫って、しかも奇妙で面白い見方ができないか、ということなんですね。ずいぶん難しい仕事になるでしょうが、彼女の筆力ならできるでしょう。期待して待ちましょう。

1997年の主な出来事

3月 ・茨城県東海村の動力炉・核燃開発事業団で爆発事故発生。放射能漏れで作業員が被爆（11日）。

・秋田新幹線運行開始（22日）。

4月 ・消費税が3％から5％に引き上げ（1日）。

・占拠されていた在ペルー日本大使公邸に特殊部隊が突入し人質22名を解放（22日）。

5月 ・イギリス総選挙で労働党が勝利し、党首トニー・ブレアが首相に就任（1日）。

7月 ・香港がイギリスから中国に返還（1日）。

・1982年にホステス殺害で指名手配されていた福田和子が時効成立20日前に逮捕（29日）。

8月 ・大韓航空機がグアム国際空港で墜落事故。乗客乗員253名中、228名が死亡（6日）。

・元イギリス王妃ダイアナがパリ市内で事故死（31日）。

さまざまな文化

杉田　聡
『クルマが優しくなるために』
ちくま新書／680円

井上　著者の杉田聡さんは帯広畜産大学の先生で、『人にとってクルマとは何か』など、これまでにも自動車問題について何冊か本を書いていらっしゃいます。

僕は免許を持っていません。クルマが好きじゃないからですが、それでも宅配便を送ったり、タクシーに乗ったり、クルマ社会の恩恵をたくさん受けているわけです。ところが、自動車社会の形成に何の責任もない子どもたちが、自動車事故で一年に七万人負傷し、六百人も死んでいく。大人の死者も年間六千人前後。阪神・淡路大震災の人的被害に匹敵するんですね。

クルマは必要不可欠だというのがわれわれの常識ですが、ちょっとここで立ち止まって考えたほうがいいんじゃないか。特に子どもたちがひどい目に遭っていて、この本では、大人が子どもをいじめているという言い方をしています。これはきつい表現ですけど、当たってるという気もして、ショックを受けました。

松山　僕もクルマの運転はしません。杉田さんの本を読んで、自分は絶対運転免許は取らないだろうし、取れないだろうということを、改めて確認しました。かなり厳しいことをおっしゃってますけど、僕の立場からすると、著者の論理展開に反対する理由がまったくないので、かえってびっくりしましたね。

井田　免許を持ってるのは私だけなんですね(笑)。別に車に乗りたくて取ったわけじゃなくて、以前、乗せていただいたクルマで、運転されてる方が居眠りなさった。その経験があまりに怖くて、クルマのことが知りたい、何も知らないうちに死んじゃうのは嫌だと思って、自動車教習所に行ったんです。

井上　交通安全というと、通行人や何の責任もない子どもたちに「飛び出すな！」と厳しく言うくせに、クルマには優しい。そんな世の中は、どこか変だと思案していたところだったので、出るべくして出てくれた本だと思いました。

松山　あっ、こんな見方があるのかと、眼からウロコを落とさせられた所がいくつかありました。たとえば環境保護運動をしている人たちが、なぜ4WDで川を渡り、自然の中に行くのか。地球全体の環境については注意を向けるけれど、自分の足もとというか、車輪の下には目が行かないんですね。環境に優しいといわれる電気自動車も、結局は運転しない人たちを事故に巻き込んでいるという現実を避けることはできない。シートベルトは、すれば大丈夫という安心感を運転手に与えすぎて、かえって事故を起こすという事実がある。カー・ナビゲーション・システムは運転には便利だけど、歩行者に対しての注意を阻害してしまう。

　無事故社会を実現することの難しさも反語的に語っていますね。「運転者はみんな素人なんだ」という。たしかに運転技術は持っていても、故障も直せないし、事故のとき治療する技術も持っていない。だから「警官を同乗させろ」とか、「時速九十メートルで走れば、子どもの死傷事故はふせげる」なんて、ここまで言っていいのかという感じさえします。でも、こうはっきり言い切ってくれたお蔭で、論が曖昧にならなかった。「動く凶器」が倫理もない運転者によって横行するのは、おかしいんじゃないか、それがストレートに分かります。

井田　杉田さんは、交通事故を防ぐための具体策を三つ挙げてらっしゃいますね。その中で、走行空間を限定するというのは正解だと思います。やろうと思ったらできないことじゃないし、運転者にとっても安全でしょう。

それから、どのクルマがどこを走っていいという限定もすべきだと思うんですよ。いまRVが街《まち》中《なか》を走ってますが、あんな、山の中でグリズリーをはね飛ばすようなクルマが、こんな密集空間の中を走っていいはずはないんですよね。

井上　クルマ社会で最低限必要なことは、きっちりしなければいけないですね。歩道と車道を完全に分ける、横断歩道のところに段差をつけて、逆に〝横断車道〟にする。クルマに乗ってる人は、不愉快でしょうが……。圧倒的に力の弱いほうへ立つところが、杉田さんのユニークなところです。

そしてこの本の美点は、ただ反対するだけじゃなくて、徹底して代案を出してくるでしょう。たいていの人は自動車社会はどうだこうだって理屈はこねるんですけど、こうしたらいい、こうすべきだと、どんどん代案を出す論者は稀有です。そこに値打ちがありますね。

井田　クルマは悪であり、人間はそれの被害者であるというのは正論ですが、現実にほとんどの人たちは車に乗っているわけだから、加害者にもなり得るわけですね。さて、杉田さんは運転免許を取っておられるのか、うかがってみたいなあ。

松山　持ってる気がするなあ。それだけ、クルマの怖さに気付いているんだから。井田さんの言うとおり、強者であるドライバーも実は、普通の人ですね。だから子どもや歩行者が、どういうふうに目に映って、どういうことをいい加減にやっているか、ドライバーの姿をもう一冊書いてもらいたいですね。

それから、この本の通りに完璧に車道と歩道が分離されたら、逆に僕だってクルマに乗るんじゃないかな（笑）。
　ただ、最後に素人でない運転者育成のために免許取得のカリキュラム案を出しています。哲学、医学、心理学、救急処置法をマスターし、ボランティア活動までしなきゃいけない。これ全部やることができるか、制度を強めると、逆におかしな人が出てくるんじゃないかな……（笑）。

井上　これぐらいやらないと、クルマは運転してはいけないと、誰かが言わなくちゃいけないんですよ。

松山　たしかに認識の問題でしょう。タバコも周りがこんなに迷惑だと言ってるから、自分の体はともかく僕もそろそろ……と思ったりします（笑）。同じように、杉田さんがここまで言ってくれると、クルマも危ないから控えようと……。

井上　たしかに、杉田さんがおっしゃってるのは一種の極論かもしれない。これをみんな実現するのは不可能でしょう。ただ、とても有効な思考実験だと思うんですね。物事をまったく違うところから見てみようという強い衝撃を与えてくれますよ。

井田　この本を教習所の指定教科書にしたらどうかなあ。免許を取ろうとしている人に対して、逆側の目から見たらこうなんだということを教える教科書は必要じゃないでしょうか。

清水ちなみ
『禿頭考《ハゲアタマコウ》』

中央公論社／1300円

井上　僕は「週刊文春」の「おじさん改造講座」の大ファンですから、あの欄を主宰している清水ちなみさんの本が出たというので飛びつきました。清水さんは何でもこの六年、ハゲに関心を寄せておられたそうですが、ハゲることとハゲた人について、医学的な研究から社会的な考察まで、縦横無尽に語り尽くしたのが、この『禿頭考』です。

しかし、これほどハゲが、女性にとって重要問題だなんて、知らなかったな。

井田　私は女ですが、知りませんでした（笑）。男の人のハゲ恐怖については、見知っていましたけど。

松山　とにかく感心しました。大ゲサにいえば、民族学あり、歴史学あり、考現学あり、アンケートあり、インタビューありで、言葉柔らかくあらゆる面から、ハゲについてこれだけ考察したのは立派。

井田　ハゲ一つでこれだけ書けるというのはすごい（笑）。

松山　文章も、新口語体というのか、僕は宇能鴻一郎さんを思い出しました。きわどい告白を交えた文体でしょう。男や、女性でも論理的に書いたら、これはかなりきつくて笑えないですよ。ところが宇能さん文体で、ちょっとずらしながら書いてるから、ハゲハゲと連発しても、すーっと入っていくんですよね。優れたもんだなあと思いました（笑）。

井田　お医者さんから竹内久美子さんまで引っ張り出しちゃって、柔らかいんだけど腕力があるんですね。腕力をそのままストレートに使われたら、ちょっと笑えないんだけども、笑える腕力あり、という感じ（笑）。

井上　それに清水さんは、言葉の使い方や、文章によるギャグや比喩がとても面白い。「ハゲ＝すけべ疑惑」とか、「すだれハゲ」はいまは「バーコードハゲ」で、「てっぺんハゲ」は「ザビエルハゲ」だとか。章の題名のつけ方も飛び切りうまい。「この国のハゲのかたち」だなんて、何事かと思って読んじゃう（笑）。若い人の言語感覚も、なかなかすごいものですね。勉強になりました。

松山　話が終わって次に行くのかなと思うと、すぐ余談に入るでしょう。なかなか本題に行ってくれないから、いらいらするところもあるんですけど、それがまたうまいんですよ。

井上　ハゲをタブーとし、隠そうとするのは日本独特なんですってね。「すだれ頭軍団は、日本の特殊なハゲ事情が産み出した国産オリジナルの現象であるということになります」と言い、話は日本文化論から、コメの問題、そして最後には天皇制にまで行きつく。すごい射程距離です。

考えてみれば、ハゲは女性には一般的になくて、男性だけにあるという、面白い現象ですよね。井田さんは、ハゲはどうなんですか。

井田　そんなに意識しません。こんなに嫌う女の人がいたのかと、とまどいますよ。ただ、かつて美青年だった人がハゲちゃったときに、ショックというか、人生ってやっぱりなるようにしかならないんだなとは思ったっけ……。

井上　しかし、自分の夫がハゲたら離婚するという人が多いのはすごいなあ。

松山　騙されたとか言って（笑）……。

井上　年代によっても違うと思うんですね。僕らの頃は、陸軍大将にしても町長さんにしても、偉い人は必ずハゲると思ってた。

松山　そう。昔の大将とか文豪って、たいがいハゲてましたよね。森鷗外とか、志賀直哉とか幸田露伴とか……。そういう人が少なくなったのかなあ。ハゲ人口が少ないと差別されるというのが、清水さんの研究成果でしたが……。

韓国で、ハゲは尊敬されてたけど、急激にいけなくなったのは、全斗煥が出てきたからだという指摘も鋭いですね（笑）。ほんとかなあと思うけど。

それにしても、結局、医学的には解明されないんですね。何年も研究してるけれど、毛が出るようにはならない。

井田 だいたいかつら業界が四千億円市場になってるなんて、数字から見ても、やっぱり社会問題かもしれない。

松山 だけど、女性はかつらを意外と嫌うというアンケートが出てるでしょう。やっぱり彌縫《びほう》策は嫌うんですよね（笑）。根本的な問題が解決してない。

井田 堂々たるハゲがいちばん好感度があるんですね。堂々たるハゲは、各論としては許す。ただし、結婚相手には選びたくない……（笑）。

松山 結局、その人の好みの問題になっちゃうのでしょう。たとえばショーン・コネリーはいいとかね（笑）。

井田 人間、頭の毛を剃っちゃうと、顔の美醜がはっきりするという説を聞いたことがあります。坊主頭の美男はなかなかいないと。ハゲると美醜——醜のほうが多いのかなあ——が露わになるということはあるのかもしれませんね。

考えてみれば、堂々たるハゲなり、剃り上げた人は、もともと顔だちがよかったんだから、髪がなくたってカッコいい。だから、ハゲたからいやなんじゃなくて、ハゲる前からやっぱりいやだったんだという、なんか絶望的なことに……（笑）。

井上 日本人のハゲ観に新しい照明が当たったという歴史的な感動をおぼえた（笑）。

松山 しかし、毛というものに対して、これほど異常に反応する時代はないですね。若い男性で、紫色や真っ白に染めてるのもいるでしょう。反面脛毛は剃るし。ファッションとして、そこまで集中している時代なんだな。

井上　そうか、毛が抜けるということは、ファッションを工夫する要素がなくなったということなんですね（笑）。

井田　毛がない。だから、とりとめがないんだけれども、とりとめがないものをよくぞここまで書かれたと思います（笑）。

マイケル・ギルモア／村上春樹訳

『心臓を貫かれて』

文藝春秋／2900円

井上　最後は、マイケル・ギルモアの『心臓を貫かれて』です。

一九七六年、アメリカのユタ州で、ゲイリー・ギルモアという男が二人の人を殺害して捕まり、死刑廃止の世論が強かったにもかかわらず、逆に自分から銃殺を要求し処刑されるという事件がありました。日本でも報道されたのでご記憶の方もあるかと思いますが、そのゲイリーの末弟で音楽評論家のマイケルが、自分の家族の歴史を、両親からさらに百年以上遡《さかのぼ》って描いた、彼の一族の物語です。

次男が死刑、三男は逆に事件に巻き込まれて殺される。そんな一家の話で、家族の恐ろしさを書いて衝撃的ですが、とにかく面白かった。翻訳も村上春樹さんで、読みやすくていいですね。夜になって読むのが待ち遠しくて、本を読む楽しみを、久し振りで味わいました。

松山　同じ感想を抱きました。「ひとつの物語を語りたい。殺人の物語である。肉体の殺人の物語であり、精神の殺人の物語である」で、この本は始まりますね。これが本当に大きな主題だと思います。

特異な犯罪は、必ず犯罪者が特異な想像力というか、自分の背後に、何か物語をつくっているような気がするんですよね。ゲイリーも、たぶん大きな物語を持っていた。ところが弟にしてみれば分からないから、それを調べていく。最終的には、父親も母親も、そのおじいさんも、おばあさんも、みんなとんでもない嘘ぎりぎりの物語を自分の中につくっていたんですね。その全部を丸のみして、更により大きな物語を書かない限り、マイケル・ギルモアは癒やされなかったんじゃないでしょうか。

井上　マイケルはかなり年が離れていて、ある年齢になったときにはじめて自分の家の悲劇に気がつくわけです。とにかくすごい家ですな。お父さんのフランク・ギルモアは詐欺師で、いくつもの名前を騙《かた》ってあちこちに家庭を持ち、謎に包まれた人生を送っていた。しかもこの父親の実の父が、大奇術師フーディーニだったともいう。

井田　お母さんのベッシーも複雑な人ですね。厳格なモルモン教徒の家に生まれ、フランクとの結婚は祝福されず、その夫は家にいつかない。

松山　フランクが少し成功して、彼女がずっと待ち望んでいた家をようやく手に入れる。その家に対する執着が凄まじいですね。床のタイルが気に入らなくて、じーっと見つめつづける。それは、家庭を崩したくないという執着心なんでしょうね。

井田　しかし、そんなギルモア家の物語から、末っ子のマイケルは排除され続けてきたわけでしょう。物語からの排除というのは、ある意味で暴力だと思うんですよね。そんな家庭環境に取り巻かれていながら排除されてしまうと、自分のために物語をつくり上げなければ、自らが帰る場所も失ってしまう。これは物語から排除された人が、物語を取り戻す物語だと思います。暴力の物語としても痛切だけれど、最後に残るものは、物語を持てなかった末っ子、マイケル・ギルモアへの痛ましさでした。
それから、長兄のフランク・ジュニアも劇的な人で……。

井上 アメリカの精神分析医の名高い研究に、母親、あるいは両親は、自分の子どもたちの中から、その家庭の弱点や汚点を背負わせる人間を無意識に見つけ出すというのがあるんです。「うちがうまく行かないのは、みんなあんたのせいよ」と言って、なにもかもその子のせいにしてしまう。どうもその役がフランク・ジュニアに当たったたんじゃないかかな……。

松山 マイケルが対極にいるわけですね。真ん中の二人がめちゃくちゃなやつ（笑）。
前に井上さんが紹介した『汝の父の罪』も家族解体の物語でしょう。アメリカの家族というものに、奇妙にねじれた、気持ち悪いというか、どこかぞわぞわっとしたものを感じました。
僕のイメージとして、アメリカは家族の絆《きずな》よりは、むしろ個人で動いていくものだと思っていたけど、こんなに家族意識が強いものなんですね。

井田 たとえば、アメリカの育児書を読むと、家族が壊れることを絶対に認めないんですね。キリスト教の影響なのか、アメリカが若いせいなのかわかりませんが、家族は壊れてはならないという命題を与えてしまった。その命題のキーをにぎるのが、父親なのではないでしょうか。

松山 父親のフランクは、詐欺の他に、もしかしたら殺人ぐらいの大きな犯罪を起こしているかもしれないというのが、暗示されてますよね。

井上 ええ、最後まではっきりしない。はっきりしないから、一層、怖い。父親が、一人の男として世の中へ生まれ出て、人を騙し、女性を騙し、子供を棄て、さらにとてつもない悪をおこなった。そのツケが、本人ではなくて息子に回っていく。

そのへんが、怖い。

井田　この事件を私は鮮明に憶えてるんです。なぜかというと事件のショーアップのされ方が、まさに死の商品化で、マスコミがそれに総出で手を貸した。実におぞましいものでした。

松山　マイケルは、周囲でつくられたいろんな物語にがんじがらめになったんだと思うんです。それこそゲイリーは、自分の最期を神話化してしまった。それに対抗するには、物語をどんどん解体して、改めてつくっていかざるを得なかったんでしょう。

井上　とにかく、唸るしかない。この作者の文章力、翻訳の上等さ、事件のすさまじさ、そしてそういうことが起こるアメリカ、さまざまなことで唸ってしまう、すごい作品だな。

松山　一方で、僕は文学の可能性について考えさせられましたね。これはノンフィクションではなく、物語だと思いますが、文学はこれだけ大きな物語に拮抗《きつこう》できるかなと。いや作られねばならないと。たぶん村上さんも、作家として考えたと思います。

井田　事実起こったことなんだけど、そこには大きな物語の繰り返しがあり、さらに一つの物語が別の物語を超克していくという輻輳《ふくそう》があるような気がしますね。

井上　二十世紀のドストエフスキー的作品です。なによりも強調したいのは、この本が物語の書き手、読み手を究極のところで励ましているということです。人間という危なっかしい存在について深く鋭く書かれているせいでしょう。僕も小説が、物語が書きたくなってきました。本当に読んでよかった。

第20回 '97年2月号

感性のおもしろさ

倉本四郎
『恋する画廊』
講談社／2500円

松山　きょうは、美術と音楽と文学、つまり芸術という人間の生にとって不可欠な何か、その何かをそれぞれの著者がいろいろな角度から扱った本を取り上げたいと思います。

最初は倉本四郎さんの『恋する画廊』です。一度、この鼎談で美術書を取り上げたかったんですが、美術の本というと専門的だったり膨大な厚さだったりして、一般の人はなかなか手に取りにくい。その中で倉本さんは、美術史、イコノグラフィ（図像解釈学）、神話学の研究を踏まえながら、イタリア・ルネサンスから現代までの女性裸体像を対象にして、絵の背景にあるものを解読していきます。解読の仕方は、実にエロティックなんですが、絵の裏にある古代の神話とか、現代にも生きているエロスに対する意識といったものが語られてわかり易く、かつ面白い。「なるほど、言われてみるとこういうことなのか」と納得することがずいぶんありました。

井上　人間には耳の人と目の人の二つのタイプがあるようですね。耳が敏感で音の好きな人、そして目で見ることの強い人。僕はもっぱら音人間で、絵はまったくわからない。

そんな僕でも、たまに美術館に行ったりするんですが、鑑賞などとてもできはしません。「あ、いい絵だな」、「面白いな」といって絵の前を通り過ぎるだけですね。ところが、この本を読んで、仰天した。絵を読み抜いてまた読み抜いて、絵の中へどんどん入っていく。その手続きがとても面白かった。絵音痴の僕にも、絵がわかる。そのことに感激しました。

井田　これはあえて乱暴に言うと窃視姦《せっしかん》、覗き見て淫する本ですね。女性の裸体を見ながら、その構図や姿態など、細部をなめるように読んでいく。倉本さんは、その窃視姦にこだわられて、ちょっと罪障感みたいなものも感じてらっしゃるのかもしれませんが、そんなこと思わなくてもいいのになって……（笑）。

松山　かなりきわどい記述も、たしかにありますね。だけど、男の画家が女性のヌードを描くわけだから、助平心はあるだろうし、見ている僕らにもそれはありますよ（笑）。

井上　それにしても助平ですな、倉本さんは（笑）。倉本さんが、書いてるうちにだんだん欲情してくるのがよくわかる。文章がうまいからそうとわかる。つまり褒めているんです（笑）。そのくせちっとも生臭くないところがいい。

井田　あの、誤解のないように申しますと、窃視姦っていうのは、少なくとも私にとってはまるきり悪いもんじゃないんですよ、単に男の人の属性だと思うんです。男性というのは、能動的な性であって、いろんな刺激を受けないと準備できない。視覚、聴覚、あらゆるものを使わなくては可能にならない。それに比べると、女性というのは、スイッチを押したらすぐに「はい、どうぞ」という面があるなあ（笑）。

井上　だから女性にはかなわない（笑）。

松山　実は、この本にはひとつ仕掛けがあって、結局、男は女性にはかなわないという女性賛歌ですね。エロス賛歌であり、女体賛歌。

井上　賛成。

井田　この本のいいところって、読んでいくうちに倉本さん自身が楽しんでいらっしゃるのがわかるでしょう。「この絵の意味はこうだ」って決めつけるんじゃなくて、「こういうふうにも読める」「そうかもしれない」と、余裕があって厭味じゃないんですね。

松山　引用がとてもうまいんです。美術史家のパノフスキーとか、神話学者のバーバラ・ウォーカーなどの引用が随所にありますが、それに寄り添うばかりの一辺倒じゃない。うまく距離をとって、「こういうふうに読める」と解釈を対比させて紹介している。

井上　文章といい、言葉といい、時間的なものでしょう。その証拠に、わたしたちは同時に二音ないし二語を発音できない。最初の言葉からいちばんおしまいのところまで、時間を追って読んでいく。反対に、絵というのは空間的です。その空間を分析し組み立て直して文章という時間に完全に組み直したというところが、この本のすごさでしょうね。空間を粉々にくだいて、文章というものにのっけて、完璧に時間化したわけです。

井田　絵というのは、見たい人も見たくない人の目も、瞬間的にとらえてしまう、ある意味でとても暴力的なものですね。井上さんがおっしゃったように、そこに時間軸を入れていくことで、いい意味で穏やかにしていくことができたんですね。

松山　見る者の目を奪うという点からいえば、倉本さんは、贅沢にも絵を実際に見た最初の印象から入ってくれるでしょう。つまり、「助平な絵だなあ」というところから入る。たとえば「レーダーと白鳥」という彫刻は、美術の教科書にはよくでてくる作品ですが、改めて解説されると、まともに見てられないですよね（笑）。

井上　僕も何度も見てるはずですが、こんなに助平な彫刻だったとは夢にも思わなかったな（笑）。

松山　いやはや、これだけ女性のヌードを見せられると、圧倒されました。

穐吉敏子

『ジャズと生きる』

岩波新書／650円

松山　次は、穐吉《あきよし》敏子さんの『ジャズと生きる』です。穐吉さんは一九二九年に満州で生まれて少女時代を過ごし、戦後、日本に引き揚げてからはダンスホールや米軍キャンプの楽団でピアノを弾いて一家を支えます。フランキー堺、渡辺貞夫といった錚々《そうそう》たるジャズメンたちとバンドを組み、戦後のジャズ界をリードしますが、それにあき足らずアメリカに留学する。いろんな苦労もあったわけですが、いまやジャズ・ピアニストというだけではなく、オーケストラを結成し作曲にも活躍されている。そのご自身の半生記です。

実に淡々と書かれているんですが、だんだん面白くなってくる。こういう女性がいたということだけで、楽しくなるような本です。

井上　じつは、大学生の頃、穐吉さんのピアノを生で聴いてるんです。実にクールで何の表情もない感じだった。「なんだかすごい人だなあ」という印象がありました。その後も、天才的なテクニックの持主だとか、優秀なのでアメリカに渡ってしまったとか、活躍ぶりは耳に入ってきましたが、そんな印象をもってこの本を読んだものだから、いい意味で裏切られた……。

松山　裏切られたですか？

井上　穐吉さんというと、冷たい、名人気質のジャズ・ピアニストと思い込んでいたのですが、読んで、「え、こういう人だったのか」と驚いたわけです。ずいぶん苦労なさってたんですね。

松山　それを淡々とお書きになるでしょう。アメリカでは、生活の苦労もずいぶんあった。ジャズというのは黒人がやるものという差別観がまずあって、東洋の、しかも女性がやるという二重、三重差別の中で、怒りながらもサラッとお書きになっている。半生記といっても、思い出をじめじめ書くんじゃなくて、前へ前へ進んでいくという書き方でしょう。それが、穐吉さんの生き方自体を表わしているようで、とっても爽やかでした。

井田　クールだから、逆にしみじみさせられる所もありますね。久しぶりに東京に帰ってきた印象を記しながら、「時々、私は自分も含めて、人間とは嫌な生きもの《クリーチャー》だな、と思う」なんてサラッとお書きになる。風景のような文体、流れ行く文体の中で、時々、人間そのものを見たり、社会そのものを見たりする言葉が出てくると、心に刺さりますね。

井上　ピアノの演奏とおんなじですね。実にクールなんだけど、その中にアレッというフレーズが入るんです。突然、カッコ付きの（ありがとう。）なんて肉声が入る（笑）。

井田　私事ですが、穐吉さんが育った大連というのは父の故郷なんです。穐吉さんの家は、南山麓にあったとありますが、ここは東京でいえば南麻布とか松濤《しょうとう》のような場所で、典型的な満州の高等移民の世界なんですね。南山というのはどこの国でもない、中国でもないし日本でもない、という土地です。ですから中国人の話がほとんど出てきませんね。穐吉さんは、中国人をぜんぜん見ていらっしゃらないんだと思うんです。これがクールさにもなり、前向きさにもなる……。
　中国人が見えちゃうと、やっぱり後ろへ後ろへと行くと思うんですよ。とにかく自分の目の前しか見ないで生きていらっしゃったことが、一つには救いでもあり、でも、この年代の外地生まれの女性の典型でもあるなと思いました。

井上　井田さんのおっしゃることはよくわかるんですが、やはり少女にそこまで要求できない気がしますが……。ただ、大人になってから、自分たちと中国人との関係や両者の距離を書いていただけていたらとは思いましたが、そこを書かないところが、穐吉さんの前進力なのかもしれませんね。

井田　それが逆に後半になって強みに変わっていくんじゃないでしょうか。アメリカという、ある意味では後ろ髪を引かれていたら潰されてしまうという国でやっていく力になっていったんじゃないかと。

松山　マックというアメリカ人が出てきますね。進駐軍の軍曹として占領下の日本で長く暮らす。その彼がアメリカに帰ると、どうもうまくいかなくて、離婚や失業という目にあう。日本を懐しむ。オキュパイド・ジャパンというのは、アメリカ人にとってはパラダイスでもあったわけでしょう。

井田　日本にとって満州がパラダイスだったようにね……。

松山　そう。だから穐吉さんは、マックという友人を見ながら、満州時代のご自身のこともわかってらっしゃるという気がします。

井上　福岡の米軍将校クラブで、「イッツ・ビーン・ア・ロング・ロング・タイム」という歌のレコードを聞く場面でてくるでしょう。これは当時の代表的な反戦歌なんですね。欧州戦線が終結、戦場から引き揚げてきたGIたちを、恋人や母親が港で待っていて、自然にこの歌を歌う。「久し振りにあって、キスしてください。でも、これは夢じゃないでしょうね」、そんな意味の歌です。これが、爆発的にはやるんですね。そこでアメリカ政府は考える。このGIたちを、日本占領のために再び引っ張っていくわけにはいかない。この歌で愛する男たちを出迎えた女性たちを裏切ることはできない。それなら日本占領に必要な兵隊の数をできるだけ少なくしなければならない。そこで、天皇制温存というアメリカの政策が生まれるわけです。それほど歴史的な歌なんです。

講釈が長くなりましたが（笑）、穐吉さんは、そんな説明はサッと通り過ぎている。あ、この人は、気がつかないというより、むしろ意識して政治を避けているんだな、という気がしました。

松山　なるほど。おもしろいのは、そんな穐吉さんにも迷いがあるでしょう。アメリカでの生活が苦しくてコンピューター・プログラマーになろうとか、ルー・タバキンと結婚した後、自分のジャズを一時やめようと思ったり……。

井上　音楽を続けるべきかどうか、お坊さんに見てもらったり（笑）。でも、迷いがあるというところがまたいいんですね。

井田　いくらここまで前向きでも、自分一人の推進力では、前にはいけない。それが人間なんでしょうね。時にはお坊さんに一突きしてもらうことも必要なわけで、それを正直に書いてらっしゃるから、失礼かもしれないけど、とっても可愛いなという感じがするんです。

関川夏央
『二葉亭四迷の明治四十一年』
文藝春秋／1800円

松山　三冊目は、関川夏央さんの『二葉亭四迷の明治四十一年』です。二葉亭四迷という作家は、

『浮雲』で言文一致体を作り上げ、日本の近代小説を基礎づけた人といえます。近代文学史上での四迷の役割は極めて大きい。四迷の全人生を描いたのではなく、タイトルの如く、明治四十一年を中心に、その前後の時代を、四迷を軸にしながら、夏目漱石、川上眉山、樋口一葉、尾崎紅葉といった文士たちの動き、ちょうど日露戦争が終わり大逆事件によって冬の時代を迎えるまでを描いた作品です。力作だと思います。

井上　高校か大学の教科書として使って貰いたいと思いました。たとえば関川さんは、一葉が一家三人で生活費月七円で暮らしていたと書いていま す。漱石の朝日の月給が二百円だった。そういうおカネの面を細かく調べて書いていらっしゃるでしょう。近代というのはある意味では経済の上での生活で、そこをちゃんと押さえている。

そういったエピソードをたくさん用いることで、実に面白く読めるし、その中から文士たちの生き死にが浮かび上がってくる。この方法は、伊藤整さんが『日本文壇史』で既におやりになってますが、関川さんはそれをもっと徹底させている。

井田　たとえば、鉄道ゲージの話がでてきます。ロシア鉄道は五フィート軌間であり、南満洲鉄道は四フィート八インチの標準軌だった。あるいはポーランドでは、国内で軌間が微妙に違う、とか……。ユーラシア大陸という大鉄道輸送大陸のゲージを調べていくだけで、そのときいったい何がユーラシアの中で起こっていたかということが鮮明になってくる。これは数字でしかないんだけれども、それを凝視することによって、ひとつの大きな物語が立ち上がってくる。関川さんは、それを目指されたんじゃないかなあ。

松山　おっしゃる通り、ディテールへのこだわりは随所にあります。そうやって関川さんは一生懸命物語を書こうとするんだけど、二葉亭という人はそれからはみ出て行動しちゃうんですね。そのはみ出るのを、どうやって物語に入れようかと作者が格闘しているところが、大変面白かった。

僕は、この本の最後の文章、「二葉亭は、小説家ではなかったかも知れないが、二葉亭自身の一生は実に小説であった」、これが、批判的でなく疑問なんですね。この時代の文学はいまより幅広かった。漱石は英文学の先生であり、鷗外も軍医であった。横山源之助のような記録文学者もいた。彼らはいまの眼から見れば、はみ出していたんじゃないか。それが自然主義が出て新聞連載小説が人気となり、「文壇」が形成され、作家というものが確立されていく。しかし、そういった狭い枠に安住しない人達こそ、文学者なんじゃないか、と関川さんは語り続けている。だから「狭い意味で作家ではなかったからこそ、彼は小説家であった」というほうが筋が通ると思うんですね。

井上 明治二十年から二十年間というのは、国家が大きくなることは、個人が大きくなることだという具合に、国家の欲望と個人の欲望とが一致してた時代です。ところが日露戦争が終わって、ポーツマス講話条約調印のあたりから、国家と個人が乖離《かいり》しはじめる。自分たちのつくった国家はこれでいいのか悪いのか。悪いとしたら何がいけなかったのか――、そういう分析が、個人の中で行なわれる。こうして近代人の成立をみることになる。

関川さんは、ちょうどその合間のことをお書きになっているわけですね。文学者たちが発見した近代の内面とは、いったい何だったのか――。

松山 内面の問題も現代人よりももっと幅広かった。だからこそ関川さんは四迷を逆に「同時代人」、「現代日本人のさきがけ」と扱うのは、その通りだと思うんです。ただ、その軸をもう少し、はっきり出してもよかったような気はするんです。

井上　それは読者に問いかけられているのでしょうね。僕はこんなふうに考えたんです。つまり近代人というのは内的自由を持つかどうかということなんですね。ある道徳とかある考え方が、個人の内面にまでずかずか入ってくるときがあります。太平洋戦争のときは完全にそうでしたね。

松山　そうですね。それ以来、日本人の自我は狭くなってしまった。

井上　その内的自由がいまあるかどうか。関川さんは時間を自在に操作しながら次第に焦点を絞っていく。これを読んでいる現代人、我々が、はたして自分の中に本当の内的自由を持っているか、その問いを読者につきつけるために、わざと答を書かなかったんじゃないか。

井田　うーん、どうかなあ。内面という問いは人間にとっては永遠にブラックボックスであって、読者にとってもそうであってよいのじゃないかなあ。それを、作家として「私はこうだと思う」と強引に光を照射して書いてしまうことはできるけど、関川さんはそうなさらない。その辺り、関川さんという方は徹底して潔癖な方じゃないでしょうか。

井上　明治二十九年は、宮沢賢治が生まれ、一葉が死んだ年です。昨年、賢治百年祭ですから、たかだか百年しかたってないんですね。

松山　きんさん、ぎんさんの方が賢治より年上なんですから（笑）。

井上　つまり二葉亭も一葉も漱石も啄木も、そしてわたしたちもほとんど同時代人なんですね。その頃も、そして今も、日本語はたしかなものとして定まっていない。小説の方法も確立していない。内的自由もあやふやだ。その中で、二葉亭のようにじれた人もいる。漱石のように、何かをつかんで書き始める人もいた。それじゃわたしたちは……？　僕は関川さんからそう問われたように思いました。それにしても明治の人達のことが、関川さんは好きでしょうがないんですね。これがこの本の魅力です。

松山　関川さんはこの本で、自分自身が作家として、あるいは生活者としてどういうふうに生きていくかということを二葉亭を通じて書いたんじゃないかという感じがします。「二葉亭は友である」と書いていますが、このひねくれた奴が、自分と共感するんじゃないか、という書き方で投影していった。

ですから、これは関川夏央という作家が、これからどういう文章を書いていくか、作家宣言の感じをもちました。

井上　漱石が芥川と久米正雄にあてて書いた有名な手紙がありますが、末尾に漱石はこう書いています。「うんうん死ぬ迄押すのです。それだけです。何を押すかと聞くなら申します。人間を押すのです」。僕は、関川さんはそれをやろうとしたんだと思います。

日本語もどう書いていいかわからない時代、小説に興味を持ち、そこで人間が書けないかと思った人たちが、生活の不安や時代の流れに翻弄されながら、ただただ押していった。でも、二葉亭四迷はおそらく、「人間を押すのだ」ということがよく摑《つか》めてなかったんじゃないか。では自分は、二葉亭のやらなかった分までこれから人間を押していくぞ、という関川さんの覚悟がほの見えているように読みました。

気骨の紡ぐ物語

9月 ・ノーベル平和賞受賞者のマザー・テレサ死去（5日）。
10月 ・長野新幹線開通（1日）。
・北朝鮮労働党総書記に金正日就任（8日）。
11月 ・サッカー日本代表、延長戦3─2でイランを下し初のワールドカップ出場（フランス大会）を決める（16日）。
・エジプトのルクソールでイスラム過激派による無差別テロ。（17日。観光客62名死亡、内、日本人10名）。
・山一証券、負債額3兆5000億円で自主廃業（24日）。
12月 ・地球温暖化防止京都会議開催。京都議定書採択（11日）。
・東京アクアライン開通（18日）。
・新進党解散（31日）。

高田　宏
『海と川の物語』

学陽書房／1600円

井田　まずは高田宏さんの『海と川の物語』です。この本は、前半が海から再検討した日本の話、後半が、高田さんの故郷の川である、石川県の大聖寺《だいしょうじ》川の上流から河口までを、高田さん自身が、まさになめるがごとく歩き、考えたことを綴られたものです。単なる随筆のレベルは突き抜けていますが、難解な論でもない。言葉を精選しつつ描かれた、水と人の物語としか言いようがない本です。まさに心洗われる書でした。

井上　物を書くということは、突きつめれば何かを自慢することなんですが、この本は郷土自慢ですね（笑）。ただその手続きがやはり並ではない。自慢話の嫌味は全部消えて、とても面白く仕上がっています。大聖寺川を軸に、古今の記録や伝説、ご自分の少年時代の思い出や事件をからめて、いかに川が素晴らしいものであるかをよく描いていますね。

井田　自慢も突き抜ければ珠玉と化す。

井上　誰にも心のなかを流れる故郷の川がある。そこに普遍的につながるところが、たいしたものです。

　そしていま、私たちが川をどんなふうに目茶苦茶にしようとしているかを、よく伝えていますね。勉強になることも多くて、たとえばダムに寿命があるということを、僕は知らなかった。

井田　ダムで川の流れをせき止めてしまうと、本来は流れに乗っていく土砂がどんどんダム底に溜まるから、最後は上げ底になって使い物にならなくなって、第二ダム、第三ダムと際限なくダムを作り続けなくてはならなくなり、結果的に川がただの水溜まりになってしまう。常識で考えれば分かりそうなものなのに、高田さんの本を読むまで考えも及ばなかった。

松山　僕も同様です。洪水の話が出てきますね。現代は、ダムや護岸工事などの洪水対策を懸命に行なう。それで人間は、洪水を制御してきたつもりなんだけど、逆に洪水がもたらしてきた恩恵、土壌を肥沃にする、害虫を駆除するといった水との関わりを、なくしてきたというのがよく分かりますね。

井上　洪水は防がなければならぬ悪、というたった一つの物差しだけで近代はやってきましたが、たまには負けてやろうという、一勝一敗の論理が必要なのかもしれませんね。

松山　「六合《りくごう》」という考え方が出てきますね。『荘子』に出てくる言葉で、前後左右という平面の視野だけではなくて、それに上下を加えた、東西南北天地の立体世界ですね。この本を読めば、川は単に水の流れだけでなく、周辺でものをつくる人たちが上下し、動いている。森や山といった自然も常に流れ、変化する立体的な世界だし、人間の営みも長い間に立体的にできていたんだというのがよく分かります。ところがどうも現代人は、平面的にしか考えられないんですね。

井田　自然環境保護派の方たちも、あまり情緒に流されずに、この本のような主張をなされば分かりやすいし、効果的だと思うんだけどなあ。

井上　高田さんは、日本の名文家のうちの一人ですから当然ですが、文章がとてもいい。ずいぶん過激なこともおっしゃってるんですが、それがごく自然に耳に入ってくる。「洪水よ、起これ」とか「台風よ、来い」なんて恐ろしいことを言っています（笑）。

松山　並みのエコロジストでは、こうは言えない

（笑）。

井上　それと、僕たちは陸に暮らしていますから、どうしても陸の上からの視点で物を考えてしまう。それが海や川、つまり水の側から見ると、まったく別の見方があるんだということを教えられました。僕なぞは特に農民の末《すえ》ですから、反省することがたくさんありました。

井田　いや、農業には農業の視点があるわけで、高田さんは、この本を一種のバランサーとして書かれたんじゃないですか。宮本常一さんの「海から見る陸地は陸地にいて考える陸地とは違った感触を持つものである」という言葉を引いて、ご自分もそれにならうとおっしゃっていますが、陸地からの視点で書かれたものが多いから、相対化するために、海と川から見た風景をお書きになったんでしょう。

それにしても、凡人が書くと、川の風景だけを書いてしまうと思うんですよね。川の周りで生きてる人、川を生む山、川が流れ込む海、さらに海の民までひとつの風呂敷に包んでしまうような広い視野での書き方はできないと思う。文章もすごいけれど、発想の柔らかさにも脱帽します。

松山　川がきれいであるためには、森林は繁り、それを手入れし、使う人間たちがいて、それがさらに海へと進んでいかなければならない。海や川を畏敬する人やその生活と、自然とが全部、めぐりめぐって繋がっている。ジョージ・オーウェルは理想社会を「川のきれいな社会」と定義しましたが、それを見事に証明している。

高田さんに言わせれば、日常生活の中に、川と海の春夏秋冬があったのに、その関係が現代では切れてしまった。その歪みがいろんなところに噴出してるんです。川が痩せていく、「川を殺す」と盛んに言ってらっしゃいますね。

井上　自然と切れようとして、そのしっぺ返しをくっているというところですね。これは、現代人の基本テキストとして、みんなが一度はちゃんと目を通したほうがいい本です。

松山　さきほど井上さんが郷土自慢とおっしゃいましたが、自分の生まれたところに愛着をもつということは、とても大切なことだと思うんです。それが日本とか国家といった大きな単位になると、妙に論は分かれますが、自分の生まれた村や住む町といったごく小さな場所にたいする愛着をもっていないと困るんじゃないか。それが生活の基本じゃないか、という気がするんですね。

その意味でこの本は、小学五、六年生にも読めますし、歴史や地理の勉強にもなる、社会科の教科書に最適じゃないかなと思いますね。

松下竜一

『底ぬけビンボー暮らし』

筑摩書房／1648円

井田　次は『底ぬけビンボー暮らし』です。著者の松下竜一さんは、ノンフィクション・ライターで、代表作にアナキスト・大杉栄と伊藤野枝の娘、故伊藤ルイさんを描いた『ルイズ――父に貰いし名は』などがおありです。一方で、地域に根ざした市民運動のリーダーとして有名で、この本は、その運動の機関誌「草の根通信」に連載された、松下さんの生活記です。

とにかくその貧乏生活ぶりが楽しくて、でもそれは松下さんの言葉による楽しい貧乏なんであって、実は苦しいと思うんですけども（笑）。言わば、「うっとりするほど貧乏なお話」というところでしょうか。

松山　僕なんか、身につまされることばっかりです（笑）。物書きがいかに貧乏か。書き下ろしをやるとその間ほかのことはできないから、年収が二百万に届かない、といった話は涙なしに読めない。読者の人たちにちゃんと読んでほしいなあ（笑）。物書きって、一冊出せば何百万、何千万と儲かるものだと思われてるもの。
　最初は、そういう貧乏自慢かと思って読んでたんですが（笑）、実は夫婦愛とか友情とか、いまどきこんなに、ほのぼのとする話はないと、井田さんが言うとおり、うっとりしちゃう。
井上　僕がテレビのライターかプロデューサーだったら、これを今すぐドラマにしますね。ただの貧乏は沢山ありますけど、志のある貧乏でしょう（笑）。貧乏を手玉に取ってる。筋の通った由緒正しい貧乏なんですよ。
　ここまで貧乏に徹すると、実に面白いエピソードがいっぱいある。九州電力の株主総会へ行って、社長に立候補する。年収二百万円以下なのを逆手にとって「いたって貧しい生活を送っていますので、もし社長になりましても、現社長の報酬の十分の一以下、いや二十分の一以下でも充分なのであります」（笑）……。
松山　そのくせ、散歩がてらカモメにパン屑を撒《ま》くのが趣味で、そのパン代は惜しまないでしょう。
井上　一日に百円のパンを六斤分、二日に一度やって月に九千円（笑）。
井田　松下さんは、あえて言えば反体制活動家だけど、活動をしているから貧乏なんだという、ひがみのようなものがまったくない。それさえ手玉に取ってらっしゃる。
　たとえば旧婚旅行をするために、「なんとしても、国連平和協力法案を旧婚旅行の出発までに廃案に終らせねばならない。松下センセが街頭で真剣に訴えたのも、そういう私的下心があったことを告白しておこう」（笑）。いいなあ……。

井上 松下さんは、なにかというと先取りして想像するでしょう。たとえば、今年収入の当てがない。すると、新聞の見出しが浮かんで、「〈発行人、生活苦のために、ついに『草の根通信』廃刊に〉」とか（笑）。辛い見通し、悲しい予測がみんな今の笑いの種になる。

松山 余裕があるんでしょうね。それと奥さんが偉いですよ。収入の当てが無くても、台所が雨漏りしても、ぜんぜん動じない。市民運動をやっていても暗くないのは、この奥さんがいらっしゃるから、という感じです。

井上 極貧のなかで奥さんが入院手術をする。たいていは真ッ青になりますが、このご夫婦は違う。保険金が出て、諸経費差し引いて三十万円稼いだとニコニコしている（笑）。

松山 そういう楽しみ方ができるんですよね。

井田 お嬢さんもいいですね。

井上 「杏子はクラスでも一番ビンボー人なんよ」なんて、ちゃんと言えるんですからね。ステキなユーモア小説ですよ、ある意味で。これは読んで笑っていただくしかないな。

井田 どこを切っても、気持ちがからから明るくなる笑いばかり。

井上 良寛さんみたいな笑いなんです。「ちかごろ『清貧の思想』なるものがもてはやされているそうだが、それにしては現に貧しく生きている松下センセがなんの脚光も浴びないのはいったいどうしたことだろうか」と、なんだかいばってる（笑）。

九州で反原発の市民運動をやっていて、「過激派作家」なんてレッテルを貼られたり、僕もなんとなく、松下さんはごつい、こわいという印象があったんですけど、読んでみるとぜんぜん違うんです。

本当にからっとしてるんですが、でもかなり厳しいところは厳しい。そのへんはきちっと筋を通していらっしゃる。

松山 そうですね。かなり頑固ですよね。収入源の一つだった講演を、「自己欺瞞のにおいがつきまとっていやでしょうがなかったから」引き受けなくなったとか。

それでいながら、たとえば旧婚旅行で、友達の夫婦と四人で行って宿がないとラブホテルに泊まるし、東京ではカプセルホテルを定宿にしている。このあたりは、現状にあるものは使ってやろうじゃないかという、柔軟性がありますね。妙な節度でがちがちにならないでしょう。

井上 感動したくだりをもう一つ。弟さんの息子さんの結婚式が埼玉である。交通費が八万円、さらにお祝いに十万円、とても都合できないから行けないと申し出ますね。そこで、十万円分のスピーチをしてくれればいいと弟さんに言われて、その通りにする。そういう逞しさがある。僕だったら、行かないで蒲団被ってるか（笑）、無理してカネつくって行くかどっちかです。外聞を気にしないサムライですね。

井田 したたか……強い……いや、勁い人物ですね。

徳岡孝夫
『五衰の人　三島由紀夫私記』

文藝春秋／1600円

井田 最後は、徳岡孝夫さんの『五衰の人――三島由紀夫私記』です。徳岡さんは毎日新聞社勤務時代に三島さんと知り合い、自決当日に市ヶ谷へ記者として赴くことを三島さんから請われ、檄文を託された方です。『五衰の人』は、その徳岡さんが三島さんとの出会いから死に至るまでの記録と記憶を辿りながら、三島由紀夫という、作家にして評論家を解析なさった本です。

私は年代的に三島さんのことはほとんど知りません。ですからこの本をもっぱら徳岡さんの著書して読みました。読後感は、徳岡さんは大記者である、ということにつきます。

井上　主題の一つは、三島さんはいつクーデターを決心したのかということですね。あの事件をいちばん近いところで、ある意味で優越的な位置でずっと見てた徳岡さんが、いろいろ検証してその時期を特定なさった。これは三島研究の基本的な資料として、とても貴重です。

あの時期の三島さんが、共産勢力が日本を乗っ取ると本気で考えていたと分かったのも収穫の一つです。そんなに鋭いアンテナを立てていたのかという感嘆と、しかしそれは共産勢力に対する過大評価じゃないのかという多少の批判が、僕は三島さんにありますが。

松山　徳岡さんも言ってらっしゃるように、小説を読むかぎり明晰で、常識人で、見通しがきいている。その作家がどうして自衛隊乱入、そして自決というところまでいったのか、僕もよく分からなかった。

三島は檄に「われわれは四年待つた」と書いている。ところがこの本では、実はその三年半前、徳岡さんとのインタビューで、自衛隊に関して憲法改正の必要はないと発言しているから、矛盾があると指摘している。そこで順を追って、数度の自衛隊体験入隊、「楯の会」の発足……と、死の一年半前ぐらいからがらっと変わっていく様子を書いていきますね。その経過がよく分かりました。

三島のストイックさ、純粋さは分かるんだけど、それがストレートに進むとああ行ってしまうのか、その一年半でこう変わったのかと、徳岡さんが示してくれた。もちろん徳岡さんが全部解明したとは思わないし、もっと違う部分が多分に尾を引くだろうと思うんですが、僕はとても刺激的でした。

井田　徳岡さんが「さながら戯曲の筋を組み立てるような周到さで、死に至る行動のプロットを、ディテールに至るまで準備した」と書いてらっしゃるように、三島さんはあらゆる可能性を考えて、予定を綿密に立てた上で市ヶ谷に行かれますね。私は三島さんのよい読者ではありませんが、小説作品にも同じような周到さ、予定調和を感じます。でも小説と違って、現実はそうそう予定通りにはいかないんじゃないかなあ。そこがあの事件や、三島さんの時代認識の奇妙なねじれに繋がるんじゃないでしょうか。

井上　僕も三島さんのいい読者ではありませんし、事件についても批判的です。一人の作家が命賭けたぐらいで、簡単に国の形を変えられちゃかなわないですからね。ただ、この本で分かったことは、三島さんは観念的に共産主義を恐れ、人々を恐れていたという事実です。それは読者を恐れていた、信用してなかったということに通じますから、考えてみれば寂しい作家だったんですね。

井田　三島さんには、熱狂的なファンもいらっしゃいますが、徳岡さんは個人的にはどうあれ、職業的には読者的立場から遠く離れ、記者として三島さんを相対化なさいますよね。たとえば、この時期の三島さんは、文壇という特殊な世界の中では重鎮だけど、徳岡さんはそれを社会にならして冷静に評価しなおされる。

松山　そう。この本の良さは、徳岡さん自身が気骨というか、矜持を持って書かれてるところですね。三島という人に対して、改めて書くにあたって、天皇論まで含めてまともにぶつかってるでしょう。それがいいなと思いました。

井上　井田さんのおっしゃるように、とても客観的ですね。そこが素晴らしいと思いました。三島教の狂信者ではないところがいい。

松山　三島が自衛隊の一兵卒のときはまだ理解できるけれど、楯の会の隊長になったときから、おかしくなったような気がします。

徳岡さんは事件の直後、バレーボールをしている職員たちの平和な景色を見て、吐き気がしたと書いているでしょう。僕はあの日、仕事で所沢市役所の中にいたんです。事件のことなんて誰も言わなくて、帰りの電車で友達から聞かされた。騒ぎになってなかったから、逆にびっくりしたんです。

要するに、一方で普通の人たちは日常的な生活を送っていたわけでしょう。そのことが、やはり三島は見えなかったんじゃないかな。

井上　三島研究は、これで何歩も前進したのじゃないでしょうか。もちろんあくまでも徳岡さんによれば、ですが、三島さんが本当は何を言いたかったかがよく分かりました。あの事件で何が起こったか、それが客観的によく見えてきた。そこが、この本の大いなる功績です。

井田　三島さんにとって小説というのは一部にすぎない。全体としてみると、徳岡さんの表現を借りれば、「面白い人だった」わけで、私は小説だけ読んで三島さんを分かった気になると損するぞ、と徳岡さんに諭されたような気がします。

井上　この本には、あの事件で三島さんが提出したさまざまな課題はこれだという、客観的な提示があります。その課題をさまざまな意味で克服しないと、次の時代は始まらない。徳岡さんは読者にそう突きつけてきています。

第22回　常識をひっくりかえす

'97年4月号

妹尾河童
『少年H』上下
講談社／各1500円

井上　『少年H』は、第一線の舞台美術家の妹尾《せのお》河童さんが――例の鳥瞰図という、尋常とは思えない細密さで（笑）上から見た絵をお描きになる妹尾さんが――初めてお書きになった、上下二巻の小説です。タイトルは、妹尾さんの本名が肇《はじめ》で、子供のころお母さんの手作りのセーターに「H.SENŌ」と編み込んであり、そのせいであだ名がHだったところから来ています。この本には見た目の特徴がひとつあって、ほとんど総ルビ、あらゆる漢字にルビをふっているんですね。ちょっとうるさいという人もいるかもしれませんが、ページをパッと見たときの印象が昔の本みたいで、僕には実に懐かしかった。
　内容は、妹尾さんが暮らしていた神戸の下町の風景やその暮らしぶりを、記憶をたどり資料の引用もしながら、克明に微細に再現して、ちょうど戦前から戦中を経て戦後に至るまでの、ご自分の少年時代、そして神戸二中を卒業して自立していくまでの姿を描いた物語です。

松山　笑う部分が多くて、楽しかったですね。たぶんほとんどが実体験なんでしょうけれど、この腕白ぶり、はめの外しぶり、反骨ぶりが面白かった。何といっても、Hの家族がいいですねえ。お父さんはハイカラな洋服屋さん。両親ともプロテスタントのクリスチャンですが、特にお母さんが熱狂的で、街中をタンバリンを叩いて伝道して歩いたり、家の中に聖書の言葉を貼ったりしている（笑）。

当時の日本では、クリスチャンの家庭は、ちょっと特殊な目で見られたと思うんですけれど、それが全体を通しての物語のバネになってる気がします。更にお父さんの商売の関係で、ドイツ人やアメリカ人、中国人などとの交流もあって、普通この時代では考えられないような生活をするんでしょう。それが、少年Hの反骨的性格をつくったんだろうと思いますね。

井上　このお父さんがなかなかすごい。極端に小柄である、という自分の身体的条件を考えて、洋服屋を天職にする。そして、戦時下の日本で、クリスチャンとして生きる。目立たないように、自分の心の中で神さえ失わなければ、ある意味で嘘を言ってもいいと決めている。かなり深いところまでものわかったキリスト教者なんですよ。

松山　両親の対照の妙で、お母さんはファナティックなところがあって、「愛だ、愛だ」と言って人助けに励んだり、日本が軍国化していくと一途に反発するんですけど、お父さんは踏み絵を踏んでも神は許してくれるだろうと、聡明で柔軟ですね。

井田　聖なる父であり、静かなる父ですよね。世間を渡る上での知恵者で、いや、市井の賢者かな。あまりに立派で、できすぎかなという感じさえしてしまう。そんなことを思うのは失礼だと重々承知していても（笑）。

松山　確かに、ちょっときれいごとすぎるかなあという印象もあります。お父さんも、その影響を受けたHも、戦時下にあって戦後民主主義そのものでしょう。炭山巌という軍国少年が出てきますね。僕も同じ名ですから（笑）、この時代に生きてたら、やっぱりそうなるでしょう。ですからHに違和感を感じつつ読んでいたのですが、戦争が終わってHは大混乱を起こしますね。ここで共感してしまった。

井田　妹尾さんは神戸弁で、〝いらちになる〟と表現なさっている。とにかく何にでも苛立ってしまう。なにしろ、戦争が終わったとたんに周りの大人たちの態度が手のひらを返したようになるんですから。それこそ、いっそ自殺したらせいせいすると思うくらい〝いらちになる〟。

松山　そう。その苛々はHの反抗期とも重なって、両親と反《そ》りが合わなくなってくる。この話があって物語全体が引き締まったし、Hのことが理解できた。それにしても苛立ったHが物を投げつけると、お父さんは逃げずにまともに受けちゃって、ケガしますね。お父さんは大変な人だなあ。

井上　周りは百八十度変わったけれど、お父さんは、もともとの自分の姿勢に世間が追いついた形だから、変わらなかった。でも、ほら見ろ、俺の言った通りだろう、と言わないところがすごい。僕だったら勝ち誇ってなにか言いそうだ（笑）。ところが、その一番ちゃんと生きてきたお父さんに、Hが苛立ちをぶつけてしまう。読んでいる読者も辛くて、あのへんがとてもよくできています。

井田　河合隼雄《はやお》さんが、かつておっしゃったことを思い出してしまったなあ。子供が苛立ってきたとき、大人は攻撃してはいけない、しかし逃げてもいけない、ただそこに立っていればいいんだ、と。

井上　それからHの行動も、面白いですね。疎開で福山の名門校へ行くと、理想的な学校で、のどかで、遠くから剣道の掛け声が聞こえたりして、空襲の恐怖もまださほど切実なものになってない。それがいやで、すぐ地獄のような神戸に戻ってくる。まだ少年なのに、小さな大人という感じがある。

井田　あの気持はわかるなあ。やっぱり人間、危なくても猥雑なほうが好きなんじゃないでしょうか。

松山　お父さんの影響もあるでしょう。単純に二中が恋しいだけじゃなくて、お父さんと同じく戦争を逃げずに受け入れていくという覚悟があるから、戻ってくる。あのへんはHの克己心のすごさですよね。僕は多分、帰りたい気持ちがあっても転校が決められれば従うでしょうし、そもそも空襲からは逃げたい（笑）。

びっくりしたのは、終戦後に両親とうまく行かなくなって家を出たあと、合鍵をつくって学校に侵入して暮らすでしょう。あれはほんとなのかな。

井上　本物の鍵は削って、使えなくしてしまう（笑）。そして延々と住みつづけるなんて、おかしいですね。

それから戦時中、アメリカ兵の捕虜に、英語で呼びかけなくてはならなくなって、迷いながら、「ハンド・アップ」と言う。すると相手が両手を挙げたので、Hはほっとして「サンキュウ」と言いそうになった（笑）。馬鹿なことをときどきやるんですね。そういうおかしさがあちこちにあるから、これほどの長篇でも読者はついていけますね。

松山　僕は逆説的ですが、苦境は少年を鍛えるという印象を持ちました。精神的なことだけでなく、お小遣いをもらえないから、お父さんの商売用の安い糊を級友に売ったり、戦後は米兵の似顔絵を描いてタバコを貰って、それを米に替えたりしますね。暗い時代を描いても、Hの行動力でこの小説は一貫して明るい。

井上　Hの周囲には、決して自己主張せずそこにいるだけのように見えて、でもちょっとひとことと何か言えば、その重みが少年に伝わるという、井田さんがおっしゃったような大人がたくさんいるんですね。それがお父さんだったり、学校の先生だったりする。妹尾さんの今日をつくったのは、そういう大人の存在だったのかもしれない。この小説には、そういった人生の構造が、うまく映しとられていますね。

井田　昭和五年生まれのご自分が、そういう大人の一人でありたいという切ないほどの妹尾さんの思いが伝わってきました。少年少女にぜひとも読んでほしいと、総ルビに近くしたのも、その思いからくるものじゃないでしょうか。

赤坂憲雄

『東北学へ　2聞き書き・最上に生きる』

作品社／2300円

井上　次は、赤坂憲雄さんの『東北学へ』です。赤坂さんは、歴史学者、民俗学者として、ご自分のテーマに東北を選ばれたのですが、東北出身者としては、東北学なんて恐ろしいものができた、遂にわれわれは学問の対象になったのか（笑）、そう思うと光栄でもあり、こそばゆいようでもあります。

『東北学へ』は全三冊ですが、今回取り上げた第二巻は、山形県の秋田寄りの内陸側にある最上地方という、人口十万人ぐらいの地域の老人たちの聞き書きです。その語り部たちは、カンジキ職人、坑夫、人形芝居師、紙漉《す》き職人といった、いずれも消滅していく運命にある人たち。赤坂さんの基本的な態度は、過去がなくなるのは仕方がないけれど、その歴史をちゃんと把握し、その意味合いを知った上で現在から未来へと進まなければならないということですね。

普通聞き書きは、最初は語り手たちの口言葉の面白さに惹かれて読むわけですが、やがて長ったらしくて退屈になるものが少なくない。でも、この本はポンポンと小気味よいテンポですね。

松山 普通は相手の言葉をできるだけ忠実に入れようとするので、その言葉にまた注釈を入れて、説明しなきゃいけなくなる。でも赤坂さんは、意味を咀嚼《そしゃく》して、自分の言葉でまとめて再現した。それですっきりしたんでしょう。ただ、逆になめらかすぎるというか、もうちょっとごつくて、土地の言葉が出てもいいんじゃないかという気もしました。ないものねだりですかね。

井上 著者の試みの一つは、東北は米どころ、日本の穀倉地帯であるという常識を破ることですね。最上地方は中間山村地帯で、米については短い歴史しかないところです。東北にも、昔から稲をつくり、米を食べていたお百姓もいた。しかし東北の日本海側も太平洋側も暖寒流がぶつかって気候が一定しないところ、それに寒冷、稲作には向かない土地です。その東北を米どころにまで仕上げた東北人の粘り。それが行間からたちのぼってきて、本当によく東北人の言いたかったことを書いてくださいました。

それから、もう一ついい定義をしてくださっている。東北人はけっして無口ではない。これはその通りなんです。

松山 最上川の船頭さんが出てくるでしょう。川下りの間の語りや唄も達者だし、外国人観光客も多いからといって、『最上川舟唄』の英語バージョンを作って、サービス満点なんですよね（笑）。

井上　人見知りはするけれども、仲良くなるとやたら喋るんです。

松山　この本全体、東北人の明るさが出ています。赤坂さんは、東北は遅れてる、文化がない、単に米どころだという常識をひっくりかえそうと思っている、その眼が明るさを支えている。

井田　各章ごとに、もう少し読みたい、あとちょっと書き足してほしいという気分にさせられる本ですね。もちろん、今後、赤坂さんはこの本を補足してあまりある仕事をなさると思いますが。

井上　オナカマという口寄せの巫女《みこ》の話がありますね。この方は、修行に出るにはやや遅い、十七歳のときにオナカマになるのですが、それは母親代わりの姉さんが、目の不自由な妹の将来をさんざん考えて、自立して生きていくにはその道しかないと、決断したことだった。お姉さんの心の中にはいろんな葛藤があったと思うんです。このお姉さんと妹の関係をあっさりまとめてありますが、そのあたりの事情、もっと知りたいなと思ったことは確かですね。

でも、それは読む側の洞察力の問題かもしれません。人生の辛さ、切なさがふっと出てくるところがいくつもあって、そのあたりをもっと綿密に読み返してみようと思っています。

松山　僕が感動したのは、とにかく皆さん、本当に良く動いてますね。砥石《といし》の行商人の方なんて、東北はおろか北海道や東京まで、自転車漕いで売りに行くでしょう。あれはすごいなあ（笑）。

井田　東北というと静のイメージがあって、たとえば寡黙だというような思い込みもあるけれど、実は結構とんでもなく活動的な人々が住んでるところだった（笑）。

井上　寡黙だったら石川啄木のような人間は出ませんよ。

井田　私のわずかな経験ですが、東北人との会話においては独特の間があるような気がするんですね。……で表すと八字分くらいの間があって（笑）、怒らせたかと思って慌てているとその長い長い間合いのあとに、どんどん言葉が出てくる。寡黙なんてものじゃなくて、下手すると、こちらがへたばった頃に絶好調で喋ってらっしゃる。

井上　そういうところを、赤坂さんはよく見てますよね。東北人の正体がバレたという感じがありますね。

松山　その人の、職業についてだけ聞こうと構えてないところが強みですね。人間として聞き書きしてると言いましょうか。仕事に焦点を合わせて聞くと、その人が本当に喋りたいこと、あるいは人生で経験した大事なことがこぼれてしまうことがあるんです。でもこの本では、仕事のことだけではなくて、その間こういうことをやった、ああいうこともしたという話がどんどん出てくるでしょう。その面白さがありますね。

井田　意識の上では柳田國男民俗学の方法論をひっくりかえそうというものがあるのでしょうが、赤坂さんという方自身も相当、面白い方のような気がするなあ。取材相手がいまから昼寝するというと一緒に昼寝して（笑）、また起きて話をするとかね。

松山　民俗学がある意味で行き詰まったのは、柳田國男とか折口信夫の仕事を綿密に検証するという、机上の作業に閉じていたからだと思うんです。それを赤坂さんは、民俗学者としての本来の仕事を実践したんですね。ですから「東北学」と規定して三冊で終わってほしくない、ずっと続けてほしいなと思います。

日高敏隆／竹内久美子

『もっとウソを！　男と女と科学の悦楽』

文藝春秋／1300円

井上　三冊目は日高敏隆さんと竹内久美子さんの対談集『もっとウソを！』です。竹内さんは京大大学院で動物行動学を専攻し、オモシロ科学エッセイをお書きになって人気が高い。日高さんは竹内さんのお師匠さんになります。まったくもって、しょっちゅう笑いっぱなしで、科学の話でこんなにおかしい本もなかなか珍しいですね。師匠と弟子の絶妙な信頼関係がまずあって、その上に様々な話題が展開される。それがまた抱腹絶倒の話題が多くて、いままで持っていた常識を全部ひっくりかえされてしまいました。面白がりながらも、混乱してしまうくらいでした。

松山　発想のすごさ、日高さんに言わせれば飛躍が随所に出てきて、お二人はびっくりするほど変なことを考えてる（笑）。

井上　この本を通してお二人がおっしゃってるのは、世間には、科学技術庁なんていうのもあるくらい、科学と技術がごっちゃになっているが、技術は科学が生み出すものであるけれど、科学というのはまず知るということで、技術とは別のものなんだということですね。

松山　日高さん曰く「科学とはウソをつくことである」と。まず仮説というか発想があって、次に実験をしたりデータを取って理論を組み立てて「なぜならば」を説明し、反論が出なければ科学的事実になる。でもどんな大理論でも、何年かすれば修正されたり逆の理論が出てきてひっくりかえされれば、「ウソ」になる。「もっとウソを！」とは発想の自由さ、大事さを言っているんですね。

井田　この本の主題として、科学は飛躍の産物じゃないか、という問題提起があると思うんです。竹内さんの代表作である前著の『そんなバカな！』は、飛躍につぐ飛躍で、わかる人にはわかるけれど、わからない人にはわからなかった。極端な場合は本気で怒ってしまう人もいたと聞いています。でもこの本を読むと、なぜ飛躍が必要か、その根拠がわかりますね。

松山　繰り返し出てくるテーマに、オスとメスでは結局メスのほうがしたたかである、というのがありますね。生殖の問題なんかに出てくるんですけど、それをいろいろ実証してみせる。それがおかしいんだな。一見馬鹿馬鹿しいような研究で……（笑）。

井上　ここは読みどころです。でもここで細かくしゃべると、読者の楽しみを奪ってしまうなあ（笑）……。

一つ例をあげると、女はなぜダイエットをするか、というテーマがあります。それは体脂肪を減らすことで受胎能力を落とし、妊娠をできるだけ先延ばしにして、これぞと思う男の精子を選びたいということと、妊娠せずにいれば、その間寄ってくる男から贈り物をもらえたりして利点があるという深謀遠慮に基づいている。この論に感心しました。たとえば戦前・戦中は、とにかく産めよ増やせよの時代で、あの頃の雑誌や新聞を見ると、女性はいまの基準だと肥満体です。やっぱりすぐ産めるようにという思想が、体型に反映されてたんでしょうね……。

松山　女性の生殖器自体が妊娠しにくい構造で、それを突破できるだけの強い精子を選んでいるんだという話も、これだけ言われると、はあ、そうですか、と納得しちゃうんだな、僕なんか。とにかく目を洗われる仮説が続々と出てくる。

井田　また、この仮説のネーミングが絶妙ですよね。

松山　比喩とかネーミングの工夫で、科学を誰にもわからせる努力というのは大切なんでしょうね。「ベラの〝コム・デ・ギャルソン戦略〟」とか、「赤の女王仮説」とか、可笑しい理論がいっぱい出てきます。ネーミングが上手いと、そこからまた次の理論が生まれてくる感じがします。竹内さんの天才ぶりというのはそのへんにあるんじゃないかな。

井田　あと、日高先生が優れた教官でいらっしゃることがよくわかりました。院生の研究に実にうまい〝くくり〟なり、キーワードをつけられる。その結果、院生の持ってる潜在的な力を引き出してしまう。さらにいい意味で世間知に富んだ方ですから、包容力が並ではない。竹内さんとの対談ではその点を如実に感じましたね。

井上　面白くて頭のいい、明るくてへんな頓智のきく女の子が、頭の柔らかいご隠居さんのところへ飛び込んできて跳ね回っているうちに、あっ、いいこと考えた、とパッと書いちゃう（笑）。そうして次々に人を驚かせるんだけど、でも真実を衝いている、という感じですね。

松山　竹内さんの説は面白いけど、遺伝子を中心に全部説明していくと、人間の自我は置き去りにされるし、決定論というか、運命論に終始したり、人種論に繋がりかねない危うさがある。まあ彼女はそれをよく知ってますが。そこを、日高さんの舵取りが非常にうまいですよね。それはちょっと恣意的にすぎるんじゃないかとか、こういう場合もあるよとか、冗談を言いながらご隠居さんの役目をなさってますね。

井上　科学も芸術も文学も、すべて吉本興業みたいに徹底的に面白がらせなくちゃいけない――吉本興業は、面白いという記号であって、実際に面白いかどうかは別ですが——というのは、素敵な結論でしたね。

松山　一人の人が科学を語ると、どうしても枠ができて、井上さんのいう笑い、余裕がなくなってしまいますね。でもこの対談は、その枠を二人で壊しながらやってるのがいいですね。とにかく、本当かなあと思いつつも、目ン玉をひっくりかえされたというか、うろこが七、八枚落ちた本でした。

第23回　'97年5月号

教養から広がる世界

齋藤愼爾／武満眞樹

『武満徹の世界』

集英社／2718円

松山　音楽家の武満徹さんが亡くなられてちょうど一年ですが、このほど娘さんの眞樹さんと齋藤愼爾さんの編集で、『武満徹の世界』が出版されました。アルバムや年表はもちろん、瀧口修造さんや大江健三郎さんなど二十人以上の人による武満論、さまざまな人の追悼文、篠田正浩さんと富岡多恵子さんの対談、さらに武満さん自身の小説や詩、小澤征爾さんや寺山修司さんとの対談の再録……と、とにかく盛り沢山な本です。これ一冊で、武満徹という人の存在の大きさ、彼がやろうとしていたもの、そしていろいろな分野の芸術家に与えた影響がわかる本ですね。

僕個人は、CDもレコードプレーヤーも持ってないくらい、音楽が全くだめでして（笑）、ぼーっと隣の洗濯機の音や鳥の声を聞いていればいいと思ってたんですが、武満さんの書かれたものを読むと、それが必ずしも間違いではなかったんじゃないか、という気になりました（笑）。

井上　僕は武満さんの、映画音楽や軽いソングは大好きだったんですが、『弦楽のためのレクイエム』から始まる現代音楽作品については、ちょっと敬して遠ざけるというところがありました。その素質がないせいか、よくわからない。ところがこの本、特に武満さんと大江さんや小澤さんや黒澤明さんの対談を読むと、武満さんが言葉の人だったということがだんだんわかってきました。武満さんの言葉を聞くと武満さんの音楽がわかる……。これは不思議な体験です。

松山　僕もそれは思いました。武満さんは、一方で言葉によって表現する世界を正確に差し出したいと考えている。けれど正確さは時とすると無味乾燥になってしまう。それ以上に音が聴衆との関係、あるいは周りの音との関係の中で帯びてくるはずの官能を信じていた。正確にしかも、官能に響かねばならない、その二つの間に立って、音楽で自分の考え方を表現することをずっと考えられていたような気がします。

井田　確かに、言葉の方ですよね。武満さんの作品は、現代音楽から映画音楽に至るまで、音に意味や言葉が濃厚に響いている。言葉にかわる音をおつくりになろうとした方なんだという印象を受けました。

松山　そう言い切ってしまうのはやはり難しいところで……。言葉に注意してはいらっしゃったけど、やっぱり最終的に固執していたのは音だろうと思うんですよね。

井上　基本的に音楽には言葉がない。武満さんも作曲の前にいろんな言葉を書きつけたりなさってはいるんですが、ひとたび五線紙に音譜を書くときには、言葉はもう通用しなくなる。そのはずなのに、武満さんは、音と言葉の間に特別なフィルターを設けて、それを通して言葉の世界から音だけ抽出していく。うまく言えませんが、こんな実験をなさったのは武満さんが初めてでしょうね。

松山　武満さんは映画音楽がお好きでしょう。それは映画という他のメディアの中に音楽が入ったときに、新たな官能を人に開かせる愉しさを理解していたんでしょうね。音楽は必ずしも特定の音楽会で聴かせるものではない。自分自身は閉じていても、音楽は開かれているような、大衆的ではありえないけれど、大衆に聴いてもらいたいというような、とても難しい隘路《あいろ》をずっと掘り下げていった。言葉を付与させるんじゃなくて、言葉が生成するときのような、もうちょっと混沌としていくような、逆のことをやろうとしたんだろうと思うんです。

井上　武満さんの映画音楽は、『切腹』や『怪談』、『暗殺』にしろ、最高の伴奏音楽ですね。ただ、伴奏で留まってるかとなると、実はちゃんと音楽として独立している。これは凄いことですね。

松山　とにかく最後まで「音」が好きな人だったんだなあと思います。一つの音、鐘の音なら鐘の音が好きで、それを単純に組み立てて実験音楽を作るのではなくて、ひとつの音を愛し、その大事さをよくわかってた人だなという感じがするんです。たとえば落ち葉が落ちる小さな音が、永遠や須臾《しゅゆ》の間を表わすことを大事にして、どうにかその音を立ち上がらせていきたいということをずっと考えられてきたんでしょう。

井上　一つの音であり、同時に永遠に繋《つな》がるような音を探してたんでしょうね。音がポーンと一つ鳴って、しばらく何も聴こえないのでカセットテープが故障したのかと思ったところに（笑）、ポンポーンなんて来る。一瞬の響きだけど、それが全人生、全宇宙にずっと広がっていくような音ですね。

松山　音と音の「間《ま》」みたいなことを盛んにおっしゃってます。僕らは忙しいから、その間に耳をすまそうとしても、五秒も待てないですよね。

井上　何も起こらないと慌てちゃう（笑）。

井田　どんな音、無音さえも聞きようによっては永遠に通じるということをなさろうとしていらしたんじゃないか。音と音との間に広がる全世界に、いかに聴衆を引きつけるか。そこに凄まじいまでの執念を燃やされていたように感じるのですが。

松山　もうひとつ言えば、僕はこの本に収録されている「骨月」という小説に感動しました。短篇として完璧に近い作品ですね。音楽家としてだけではなく文章家としてもすごい。

井上　最後に病床でお書きになった詩もいいですね。この本はタイトル通り、これ一冊あれば、武満さんの世界がいろいろに理解できますね。

松山　もちろん音楽のほうが、言葉であるこの本の数倍の世界を含むんでしょうけど、武満徹という人がどのぐらい厳しく、自分の音楽や世界に対《たい》峙《じ》していたかというのがよくわかりました。

『宮殿泥棒』

イーサン・ケイニン／柴田元幸訳

文藝春秋／2136円

松山　次はイーサン・ケイニンの小説集『宮殿泥棒』です。柴田元幸さんの訳で、中篇四篇が入っています。イーサン・ケイニンは一九六〇年にミシガン州に生まれたユダヤ人で、医学博士号も持っています。僕は初めてこの著者の作品を読んだんですが、一読してびっくりしました。三十数歳の若い作家がこれだけのものを書くというアメリカのフィクションのレベルの高さを知って、まず感心しましたね。

というのは、この作品の主人公はみな中年から老年にかけての男で、その男は中流家庭に育って、それなりの優等生で、誠実だが平凡な人生を送ってきている。とすると、実につまらない話になるはずなんですが、見事に人生を語る小説になっていますね。
　日本の小説は中年の男女、それも普通に真面目に生きてきた人たちの人生を見つめるような作品があまりない。日本の中年男性は戦いの話、英雄史観で解ける物語ばかり読むでしょう。それはそれで面白いですが（笑）。世俗的なテーマを選びながら俗っぽくない、こういう作品を書く作家が何人も出てきてくれたら、日本でも物語の世界がもっと豊富になるんじゃないか、読者ももっと小説を読みたくなるんじゃないかという気がしました。
井上　ある男の半生という、本来長篇で書ける題材を、コンパクトに凝縮して中篇小説に仕立てあげている技術は大変なものですね。たとえば「会計士」という作品は、主人公の会計士が「ささやかな過ちを犯してしまった」という書き出しで始まる。この真面目な会計士と、ちょっといい加減な不良っぽい同級生との半生の付き合いが快調に展開して行く。そして主人公の微妙な、ちょっと負い目を持った心の働きが絡みながら、実はとんでもない馬鹿馬鹿しい犯罪に行きつく。
井田　でも、これ犯罪と言えるのかな……（笑）。確かにこの主人公にとっては全キャリアを捨てるつもりで思い切るわけだけど。
井上　捨てたわりには実におかしな犯罪ですが（笑）。そういう意外な、その人にしか起こらないようなお話をヤマ場において、一人の人間の生き方とか、人間とは何だろうということまで大袈裟《おおげさ》に考える。しかも一人の人間がグズグズ言ってるんじゃなくて、ある人間との関係を通して書いていくところがうまいですね。
　こういう、対照的な二人の人物を通して人生を上等な笑いをもって語る小説があったら、みんな小説を読むと思うんですが。日本の小説家は、切った張ったの話が多すぎて、私たちがいま生きている同時代の人の心の中を書いていないという反省を強いられました（笑）。

井田　ケイニンはアイオワ大学の創作科を出ていますよね。聞きかじりですけど、アメリカの大学に小説創作科ができて以来、アメリカ文学でよくも悪くもいろんな変化が起こっている。悪い変化は小説がどんどんミニマリズム、というか他人にとってはどうでもいい自分の小さな世界へ向かっていくことらしいんですけど、だとすれば、ケイニンは例外的ですね。人間と人間の関係性を書けるわけですから。

井上　人間関係を描くために、いくつか物語の基本型が用意されていますね。ケイニンが愛用している型は、大事なときに友達が出てきたせいで失敗する。そしてその後の人生の中でも、必ず大事なときにその級友が出てきて、そのために必ず失敗するという、アメリカの物語の基本型。それをとてもうまく使ってます。

松山　アメリカン・ヒューマニズムの伝統も感じますね。

ただ、そこが厭味にはいかないんです。甘い感傷が漂ってるんですけども、それが心地よいんですよね。どれも年喰った少年（笑）がある事件を通して目覚めて、大人になる話なんですが、その目覚め方が気持ちいいんです。

井上　なによりもユーモアがある。全然ふざけているのではなく、人生をキューッとうまく煮詰めていくと自然に出てくるようなユーモアです。

井田　ユーモアとは馬鹿笑いなのではなく、松山さんがおっしゃったように真にヒューメイン（人情的）なものなんですね。

井上　翻訳も見事です。いかにも会計士の書きそうな、何だかしかつめらしい文章なんですね。翻訳小説を読むとき、自分はこの小説の言語としての面白さを本当に味わっているんだろうかという不安を持ちながら読んでるんですけれど、これはひょっとしたら原作よりいいかもしれない。

松山　そうですね。会計士は会計士の文体、最後の「宮殿泥棒」は年老いた学校の先生の告白で、学識のある老人の語り口になっている。うまいもんだなあと思いました。

この本に共感する日本の男性はいるんじゃないかなあ。

井田　男女を問わずじゃないですか（笑）。私にも主人公に似た経験が無いとは言えませんから。

井上　「バートルシャーグとセレレム」は天才的な兄とちょっと優秀な弟の話で、兄さんは宿なしの女の子を地下室に匿《かくま》ってるでしょう。弟はそれを卑劣にもお父さんにバラす。すると、実はそこで兄さんと抱き合って寝てたのは男の子、つまり兄は同性愛者だった。この話を、どういうふうにうまく締めくくるのかなあと思ったんですが、そこに「歴史的時間」という処理法を持ち込んで、あざやかに結末をつける。みごとなものです。

井田　最後でお兄さんが亡くなっているのがわかりますね。年代的に言うと八八年頃のことですし、場所はニューヨークですからエイズで亡くなったのではないかと、強く心を痛ませるところがあります。

ですからこの話は、見事な隠喩小説だと言ってもいいんじゃないんでしょうか。

松山　なるほど。幻想文学になってると思うんですよ。ベトナム戦争の終わった時期が舞台ですけど、カインとアベルを思い出すような、神話の世界に読者はふっと入り込めますね。

井上　兄さんはあまりにも愛されるがゆえに、自分を愛してくれる両親から遠ざかろうとした。弟は愛してもらいたいがために、両親に近づいていく。たしかに神話のように堅固な構造です。

井田　ケイニンは本当に教養人ですね。普通の男、正直で繊細で、たぶんアメリカでは小馬鹿にされてしまうような男を、きちんと古典を勉強した上に、隠喩で書いていく。日本に置き換えれば、漢籍の教養のもとに現代小説を書いてるようなものなのかなあ。

松山　主人公とその相方《あいかた》、あるいは周辺の人々の対照の妙がうまくて、それがコンパクトに、すごいスピードで書いてあるんです。スピードがあるというのはザーッと読めるということじゃなくて、一行ずつ話が詰まっているんですね。そういう文章が、うまいんですよ。

井田　一文のビット数が圧倒的に多い。

井上　会話ばっかりのどうでもいいスピード感なら日本でもそこいら中にありますが（笑）。堅固な構造、本来的なユーモア、快調な話の運び……、いや、励まされました、やっぱり小説は素晴らしいですね。こういうのを書く人が五人ぐらい出てきたら、日本の小説も捨てたもんじゃないんですけれどね。

松山　日本の作家も時代小説ばっかりじゃなくて（笑）、いまの時代と切り結んでどこまで書けるか、やってほしいですね。

ひろさちや
『昔話にはウラがある』
新潮社／1359円

松山　最後は気楽に読める本です。仏教研究者であり、面白教養人として、幅広い領域での評論やエッセイでご活躍のひろさちやさんがお書きになった『昔話にはウラがある』です。「こぶとり爺さん」「浦島太郎」から、「シンデレラ」や「アダムとイヴ」まで、東西の童話、昔話二十三話を取り上げて、理屈というか屁《へ》理屈をこねて、セックスにまつわる笑いを含ませながら読み替えていくという本です。艶笑譚といいますか、お酒を飲みながら大人が話をするときにいいような、軽い、誰もが楽しめるものですね。

井上 外国にも、それから日本でも江戸時代から偏癡気《へんちき》論というのがあります。たとえば『忠臣蔵偏癡気論』などで、世の中で定説になっているお話とか事件の解釈に、変な小理屈をこねながら馬鹿なことを言って、権威を落とすパロディの一種ですね。この本は、そういう偏癡気論の現代版といっていいでしょう。

偏癡気論で大事なのは、権威や世の中に流布している説をからかって小さくして、たいしたことないじゃないか、と読者に思わせたそのあとに、偏癡気をぶってる人の考えは本当はこうだと出てくることなんですね。でもこの本は、そこがちょっと足りないかもしれない(笑)。

井田 なんだか飲み屋で、「あんた、知っとるか。この話は実はこうなんやで」と女の子に戯れ口をきいている感じが楽しかったな。もちろん、そのあとは井上さんのおっしゃるように自説が入ったほうが本としての完成度は高いんでしょうけれど、ちょっと説教臭くなるかもしれない(笑)。だから、これは飲み屋に行く前に読んで、いかにも自分がつくった話のようにして、座を盛り上げるのに読むといいんじゃないでしょうか。

松山 たとえば「兎と亀」は、世界のあちこちで同じ設定の昔話がいっぱいあるけれど、その教訓は日本で流布しているのと違って、各国それぞれだと披露したあと、もう一度それをひろさん流に引っ繰り返してくれる、という楽しみがありますね。

井上　ちょっと異議を申し立てたいところもあります。僕は農業問題が気になって（笑）、「花咲爺」に農家は助成金で潤ってるとか、ハイウェイもどきの農道のお蔭で自動車が一人に一・五台なんて書いてありますが、そんなわけないんです。その辺り、「オイオイ」という感じが少しばかりあるのですが……（笑）。

松山　井上さんがそうおっしゃると、「なるほど、それは間違いでした」とすぐ言われるようなお人柄じゃないですか。たとえば「浦島太郎」で、国民学校のときに教わった文部省唱歌のインチキぶりを糾弾したい、それが軍国主義教育を受けさせられた自分の怨念を晴らす途だ、と言ったすぐあとで、「言うことが勇ましいやね。その勇ましさこそ、軍国主義教育の残滓《ざんし》でありますよ……」と混ぜ返すでしょう。この辺りがひろさんの面白さですね。単純に軍国主義に反対するんじゃなくて、熱心に反対するのも軍国主義の残滓だと受けられるのは、どこか余裕があるんですよね。ユーモアというか、単に面白く話をつくるんじゃなくて、そういったちょっとした言葉が出てくるところが、この本を楽に読めるものにしています。

たぶん読者以前に、書いているご自分が一番楽しんでらしたと思うんですよ（笑）。だから、うまくできてるのとうまくできないのがあるんです。

井上　その意味では、「七福神」はうまくできていますね。よく整理してあるし、ひろさんの解釈もあって、仏教学者としての顔がはっきり出ている。

井田　現代の日本人は、自然のことである老いや病気を恐れている。「老・病・死がなくて、あるのは、ポンコツ・故障・殺ばかりです。だから幸福になれないのです」という部分はまさに、仏教者・ひろさちやさんの面目躍如だと感じました。

松山　「シンデレラ」のガラスの靴が、実はビロードだという話は、なるほど、と思いました。さらにそこからガラスの靴の意味を解いて、最後はかなり際どい結論。ただ、久しぶりにこういう際どい話を書く方がいらして、ある意味でいいなあと思いました。こういうものばっかり中年男が読んでるのはまずいかもしれませんけど、ちょっと視点をずらしながら読む本というのは最近あまり出てこないですから。

井田　でも、艶笑譚とか、その手の話をされるのであれば、このくらいのレベルの話をしていただけたら、聞かされるほうとしては笑えるなあ。あまりそのものズバリに言ってしまうと、洒落にならないですから。

井上　同感です。これは寝ころんでちょっと頭の体操をするにはいい本ですね。

井田　あと、お父さんがこっそりと読んで、童話を読んで腑《ふ》に落ちない顔をしている子供に、「実は、こういうことがあったんだ」とさわりの部分だけ言って、学校の先生が教えることだけがすべてじゃないんだよと、語るのにいいかもしれない（笑）。

松山　もともと昔話はかなり残酷な部分がありますね。それを学術的に考証したものはいろいろあるでしょうけれど、そんなことをひろさんはやろうとしたわけじゃない。通説を引っ繰り返すところで留まっているのがよさでもあるし、不満なところでもありますが、ともかくご自分で楽しんだという本でしょう（笑）。こちらも気楽に楽しめました。

最終回――'97年6月号

ノンフィクションから神話へ

村上春樹
『アンダーグラウンド』

講談社/2500円

井田 『アンダーグラウンド』は村上春樹さんのノンフィクションとして話題の作品です。これは、オウムの地下鉄サリン事件の四千人弱の被害者のうち六十人の方を、村上さんが一人につき九十分から百二十分インタビューし、その内容をなるべく発言どおりに文字に起こし、九五年三月二十日の事件当日、東京の地下で何があったのかを、村上さん自身が手探りしていくというスタイルをとっています

この本は、序章、本文、終章と三部に分かれています。序章で方法論の説明をおこない、終章で本書を書くに至った個人的動機を述べられるところ、被取材者の実名と仮名を区別がつかないように混ぜているところなど、評価のしかたはさまざまでしょうが、型破りであることはたしか。その意味でも話題の一冊だと思います。

井上 私たち日本人の生き方に鋭い問いを突きつけていますね。村上さんは、権利や義務をいちいち考えることを面倒がって、自分の思考力や判断力を一切、どこか大きなところへポンと預けてしまった人たちがオウム集団だとしています。これはその絶対的な価値に自分のすべてを預けてしま

った人たちのおこなった事件であり、同時に、自分の権利や義務を何かに預けて、考えることを棚上げして気楽に生きてる私たちを巻き込んだ。戦前の日本の体制はそうだったんですが、実は今もそうじゃないのか。ですからこれは痛烈な日本批判の本だと思いました。もっと言えば、絶対天皇制批判として読むことができます。

オウム事件からそういうことを割り出した人はたくさんいるでしょうが、これだけはっきり言った人はめずらしい。

松山　インタビューのとき、必ずその人の半生を聞いているのが特徴的でしょう。事件後のテレビ報道などを見ると非常に煽情的で、抜け落ちてしまって見えてこないのが、被害者であろうが加害者であろうが個の姿なんですね。そこで一人ひとりの半生を聞くことによって、実に多彩な人たちがいるんだということを掘り起こしている。村上さんは一人ひとりの個の存在を、どうにかして救出しようと思ったんじゃないでしょうか。

通常のノンフィクションであれば、事件のほうからアプローチしちゃったと思うんです。そうではなくて、事件前後のことをともかく聞いた。そこが一番面白いというか、村上さん自身やりたかったことではないかなと思います。この本にある清潔さはそのへんから出てくるような気がしますね。重たい本ではあるけれども、ああ、こんな人がいる、こういう日常を送ってるんだ、というのがよくわかってくるんです。だから、「迫真のノンフィクション」という煽情的な帯の惹句とはかなり違うと思いましたね。

井田　うーん、それは、営業上の問題じゃ……なんていうと身も蓋もないけど（笑）。

あと、たぶん十年もたつと、「オウム世代」とひとからげにくくられちゃう運命にある世代の一人としては、被害者の個と同時に加害者の個も知りたかったというのが本音ですね。加害者のほうも個であることは事実だから、彼らの物語もあると思うので、そちらも村上さんの筆で書いていただけたらよかったなあという気持ちはあります。

井上　大事件が発生する。大多数の人はそれを見る立場に立つ。ところが、地下鉄サリン事件の場合は、その「見る立場」が絶対安全じゃないんですね。自分と同じ市民が、何かでちょっと遅れたとか、いつもより早かったとか、様々な理由で大きな運命に巻き込まれていく。そこが面白い。「面白い」という言葉は、この本の場合なかなか使いにくい表現なんですけど……。

井田　でも、やっぱり面白いですよ。

井上　それぞれ自分の時間を背負って違った生い立ちを持った人たちが、違った場所から違った立場で、一つの惨事に巻き込まれていく。つまり、まがまがしい中心に吸い込まれる。そして事件後は、またその中心からそれぞれの運命へ、個に戻っていくんですね。この構図は、たいへん面白いですね。

松山　村上さんは活字で何が表現できるかということをずいぶん考えられたんじゃないでしょうか。インタビューで、サリンがどういうにおいかを皆さんに聞いてますね。においがないという人もいるし、甘ったるいとか、ツンとするとか、自分の中で記憶してる比喩を使いながら、証言しますね。映像これはテレビでは全然わからないんですね。映像はバーチャルにすべてわかってしまうような気がするけど、実のところ肝心の身体的なところはわからない。わざと機械的な質問をおこなって証言者のズレも認めて、テレビやラジオの報道ではわからない部分を重層的に再現しようとした意図があると思いますね。

井上　これを読んでわかったのは、非日常という恐ろしいことが日常に入ってきてるのに、人間はそれに最初は気がつかないで、全部自分で解釈してしまうこと。疲れてるんだろうとか、風邪だろうとか解釈して、自己診断で納得しようとする。そのうちに、おかしな状況が次々に重なってきてやっと、これは変だと思い始める。そのあとやっと、自分がすごいことに巻き込まれてるんだと気づく。

松山　僕もそうなんですよ。あの日、近くを救急車とかヘリコプターが行き来していても、うまく事件と結びつかなかったんです。つまり、日常と非日常とが本当は混在しているということが、聞き書きによって初めて明らかになった気がしますね。

井上　日常と非日常とは、はっきり時間なり空間で分けられるんじゃないんですね。その現実の複雑な様相がこの本を読むと実によくわかります。そういう構造が人生の基本にあることを、普段のわれわれは忘れてます。日常に非日常の楔《くさび》が無数に入ってきてる、その中の一本は自分の運命を決めてしまう大きな楔かもしれない、そういう恐ろしさがよく出ていますね。

『マイケル・ジョーダン　リバウンド』

ボブ・グリーン／土屋　晃訳

文藝春秋／1893円

井田　マイケル・ジョーダンと言えば説明するまでもなく、アメリカのプロ・バスケットボールのスーパー・スター、というよりも神様のような存在ですが、そのジョーダンが、九三年に父親が突然殺されるという事件を引き金にNBAを引退して野球に身を投じ、さらに三十二歳で、オーバー・リーチャーズ——盛りを過ぎた男——としてもう一度バスケットボール・コートに戻ってくる。いわば人生の失見当識——自分が誰なのか、どこにいるのかわからなくなる——を味わい、そこからまた自分の物語をつくっていく彼の二年間を同時追走した本です。リバウンドはバケスットボール用語ですが、人生のリバウンドをした男という意味もかけているのでしょう。

またこれは、並以下のプロ野球選手マイケル・ジョーダンと、スーパースターであるプロ・バスケットボール選手マイケル・ジョーダンが、ひとりの人間の中に同時に存在する不思議を実にうまく使っている本だと思います。

井上　この本を読むと、存在するけど見えてないもの、見えるけど映像などでは摑めないものを言葉で取り出すことが、われわれ言葉で仕事をする人間の仕事だというのが、よくわかります。

それにしても、ボブ・グリーンという著者はうまい、うますぎます（笑）。ジョーダンよりもジョーダンのことがわかってるんじゃないですか。井田さんがおっしゃったように、野球では二流、バスケットでは神様という相反する立場が一つの肉体の中に共存している不安定さや、自分の本来の才能を見つけた人と、それがまだわからずに一生懸命苦労してる人との対比などもよく出ていますね。

もう一つは、野球のゲームとしての面白さが実によくわかる本ですね。野球の魅力について書かれた本はいろいろありますけど、ボブ・グリーンの野球論は目からウロコが落ちます。緩い、ゆっくりした進み方。向こうに森があり、自然の芝生のにおいや土のにおいがあり、ときどきお客さんの歓声があがるという野球の構造。そういった野球ゲーム独特の魅力を、ここまで巧みに掬《すく》い取った本は少ないんじゃないですか。……ああ、これが野球なんだ、野球はこういうハッピーなゲームなんだなと感動しました。

松山　おっしゃることはよくわかりますよ。ボブ・グリーンの気持ちの中に、日の当たる、つまり室内のドームじゃなくて、屋外でやる野球への淡い憧憬がずっとあるんでしょう。

それから、企業化されていくアメリカのスポーツに対する批判がありますね。マイケル・ジョーダンもNBAに復帰後批判してますけど、もとは体育館みたいだったシカゴのスタジアムが、ユナイテッド・センターという立派なものになって、レストランやらお土産屋が百貨店みたいに並んで、なにもかもコンピューター制御の施設になってしまう。試合中も観客との一体感を持てないし、ビジネス優先になってしまってる。ボブ・グリーンは、これはまずいんじゃないかという気持ちを抱いているんですね。文章にセンチメンタルな香りがある。マイケル・ジョーダンがお父さんの死後、新たな人生を起こすときに、親父さんが好きだった野球をやろうとする、そんなところを抜き出していく。ちょっと淡い郷愁が漂ってるんですね。それが魅力じゃないですか。

井上　人生に対する爽やかな感傷性もボブ・グリーンの主旋律ですね。

井田　白状しますと、私はボブ・グリーンを十代で読んで、その爽やかな感傷性という曲者にコロッと手もなく参っちゃった。甘いセンチメンタリズムを中心にして、その上にちょっとほろ苦い人生の味というコートを着せたキャンディに目がくらんだというんでしょうか。で、そのうちおきまり通り、キャンディにしびれた幼い自分が恥ずかしくなって、意地でもボブ・グリーン嫌いになってやるぞ、なんて決意していた。

ただ、この本ではその〝ほろ苦〟コートがかなり抑えられているといいますか、ちょっとほろ苦いのではなくて、ほんとに苦いんですね。この物語はハッピーエンドではないし、悲劇かというとそうでもない。異常に非凡な人による普通の物語。だからこそ苦いんじゃないかと思うんです。

松山　そう、普通の物語。マイケル・ジョーダンは野球を本当に一生懸命練習して、でも打てない。大リーグのキャンプに参加しているとき、「あんたが最低な野郎だったらよかったのにな」とホワイトソックス番の野球記者に言われるでしょう。そこまでいい人なのかなとも思いますが（笑）。これだけのスーパースターになってしまうと、謙虚さは失われると思うんですけれども、ボブ・グリーンは常識人のマイケル・ジョーダンの性格をよく引き出してますね。

井上　普通は、積み重ねたエピソードを束ねるために、理想や思想や感慨といった「理屈」を持ち込みます。でもボブ・グリーンは、すべて自分の感想にしちゃうのね。理屈じゃなくて感想、そこがうまい……。

井田　ボブ・グリーンは、実際に語られたことのみを書くんだと、「もし僕が新聞に、きみが『昨日こう言った』と書くとしたら、きみが昨日しゃべったことじゃないとだめなんだ。きみの言葉をでっちあげることはしたくない」と言います。そう言いながら、たとえばジョーダンにずっとついて歩いて、そのまま時系列に沿って何が起こったかを書いていったら、退屈この上ない話になる。そこを井上さんがおっしゃったように、論ではなくて自分の感想にする。これもすごいテクニックだと思うんですね。論は批判できるけれど、感想にしてしまえば、最初の一ページをめくったところで、読者はもうボブ・グリーンの感性世界の共犯者になっちゃって、この世界を受け入れるしかなくなります。あらためてイヤになるほどうまい人だと思いました。

井上　切れ味はいいし、フットワークは軽いし、エピソードはうまく使うし、ときどき古い諺という感じで、うまい科白《せりふ》が入ってくるし、ああまただまされると思いながら、だまされる（笑）。

松山　一人の男がある災難にあって、そこから脱していくだけの話に落とすんではない。うまく言えないけど、神様を一人の男に戻して物語を築こうという書き方をしてますね。ボブ・グリーンという人は、多分によきアメリカを信じてる人で、それが人気の秘密なんでしょう。

トマス・エロイ・マルティネス／旦　敬介訳
『サンタ・エビータ』
文藝春秋／3398円

井田　最後はトマス・エロイ・マルティネスの『サンタ・エビータ』です。これは最近映画にもなりましたが、「エビータ」の愛称で知られるアルゼンチン大統領夫人エバ・ペロンの生涯とその死後の遍歴をめぐる小説で、エビータが死ぬところから始まります。そして夫のペロン大統領が、政略上、遺体を防腐処理して保存させたことで、その遺体が十六年もあちこちをさまよう。一種のマリア信仰の話でもありますね。おぞましくて暗くて蠱惑《こわく》的。

そして最初の方はやたらに読みにくい。南米的世界というのはそういうものかもしれませんが、言葉使いも徹底してわかりにくい。けれどもあるところから、この変なねじれた世界に巻き込まれてしまうんですね。

井上　エビータという人は貧者の恩人だと思ってたんですけど、とんでもない面白い人だった。今までのエビータ観を崩されました。それから、小説の構造が実に面白い。つまり、エビータの死体が主人公で、彼女が死んだ時点から話が進行していく。死んだときが小説の初めで、死体がどうなるのかという小説的時間が進行する。そこへ逆の時間進行、つまりエビータの一代記が逆に辿られていく。だから最初は読みにくい。でも途中から、ラテン・アメリカ文学特有の、普通にいえばいいのに、一つ二つひねった構造に慣れると（笑）、ぐんぐん面白くなりますね。
　やっぱり南米だなと思ったのは、死体が十六年間さまよった挙げ句、ブエノスアイレスへ戻ってくるでしょう。ちょっとほかでは起こり得ない。死体遍歴の小説なんて初めてですね（笑）。
松山　読んでると、いかにも南米のあの――なんて、僕は行ったことないですけど（笑）――混乱と熱気というんですか、いつでも群衆が蠢《うごめ》いている感じが伝わってきますね。それを描くにはこの文体しかないのかなと納得させられる。
井田　群衆が泡を噴いてる感じがする。
松山　エビータに副大統領候補になってもらいたいとか、彼女の健康を祈願して、人びとがいろんな世界新記録に挑戦するでしょう。絶食記録とか、労働時間の連続記録とか（笑）。マイケル・ジョーダンのスーパースターぶりもすごいけど、エビータ人気はそれを上回る（笑）。
　さらに、遺体をめぐって実に考えられないような奇妙な人ばっかり登場するでしょう。どうしてこんな人たちが集まるのかと思う（笑）。
井上　まず遺体保存技術者という人がいて、自分が防腐処理したエビータにのめり込んでいきます。そのうちにクーデターが起こって、群衆のアイドルであるこの死体は政治的に大問題だから、隠すために転々としていくうちに、死体に恋をする人が出てくる。たいへん逆立ちした道具立てです。

松山　作者も含めて皆、このねじれた空間の中で熱に浮かされている。よくも悪くも独裁政権の恐怖と昂揚、群衆の蠢く圧倒的なエネルギー。それがエビータという一人の女性に全部投影していって、その影響力は死んでもなおつづく奇怪さ。日本人だとすぐ葬式をして、死体を処理すればいいだろうと思うんだけど（笑）、なぜできないんだかよくわからない。

井田　とにかく変な人のオンパレードで、誇張なのかなと思うとそうでもなさそう。逆にリアルかもしれないものが退屈に見えてきたりして、そのへんは不思議な効果がありますよね。

それから、死んでもなお、ここまで人を動かすエビータもすごいけれど、準主役格のケーニッヒ大佐という大変人は、ずっとアルコール中毒とストレスによってきたる狂気を生き続けるんだから、こっちもすごい。私だったら、こんな生活、一年もやっていたらすぐ死にます。ケーニッヒ大佐は現代の社会が一大転機を迎える——具体的には人類が初めて月面着陸する一九六九年——まで、死んだように生きてるし、エビータは、アルゼンチンの古い世界で死んだことによって生きているという感じです。

松山　おっしゃるように、現代社会に古代的というとオーバーだけど、神話的世界が混在している。そのなかでの群衆と登場人物たちが異様に振動しあう。権力は官能だ、というような言葉が出てきますけども、エビータの遺体の持つエロティックな魔力、吸引力のすごさ。ブラックホールみたいな力があって、全部そこの中で狂ってますね（笑）。

井上　まったく圧倒されました。世界は一つになるなんていうけど、これを読めば、たとえ文明は一つになっても文化は無理だなと思います。

あとがき

本書は、一九九五年七月に創刊された文藝春秋のＰＲ誌『本の話』の創刊号から二年間、井上ひさしさん、井田真木子さん、そして私の三人で毎月三冊の本を語り合った鼎談書評集である。採り上げる本の条件は、三冊のなかで一冊は必ず文藝春秋発行のものとすることだけであった。そしてその上で、まず井上さんが最初に三冊を選び、次は井田さん、その次は私、その次はまた井上さんという順序で進められていったと思う。

毎月の後半、三人が都合の良い日を選び、午後三時頃、文藝春秋の一室に集まり、一時間ほど語り合ったとも記憶している。

もう二十年以上前のことだが、一九九七年六月号までの二年間は楽しい思い出ばかり蘇ってくる。それは文筆家として大先輩である井上さんが、私と井田さんに気を使い、浅草でのコント作家時代の話やてんぷくトリオなどの話も交えて、いつも井田さんと私を笑わせてくれたためである。しかも井上さんは鎌倉駅の名物である鯵の押し寿司を私達ばかりか、担当の編集者たちの分まで土産にもってきてくれるのも有り難く、その晩は押し寿司をつまみに私は酒を呑むのが常であった。

しかし改めて三人の鼎談を読むと、まず一九九五年に起きた二つの大事件が、三人の話に大きな影を落としたことがよくわかる。

二つの大事件とは、まずは一九九五年の元旦、読売新聞が朝刊一面で山梨県上九一色村にあるオウム真理教の施設で「サリン」の残留物が検出されたと報道したことから始まる。そして三月二十日午前八時頃、東京の地下鉄丸の内線、千代田線、日比谷線の車内にサリンが撒布され、乗務員と乗客十三名が死亡し、約六千人もの負傷者を出した地下鉄サリン事件へと続くオウム真理教による一連の犯罪だ。

私は当時、虎ノ門近くに暮らしていたから事件に驚いて、地下鉄霞ヶ関駅まで状況を見に出かけた記憶がある。

そして今一つの大事件とは一月十七日の未明に起きた阪神淡路大震災である。犠牲者が六四三四名にも上った、この大震災の現場を私は二週間後に、アサヒグラフの取材で二日間、歩き続けて取材している。今も、何処でもビルが倒壊し、高速道路もグニャリと折れ曲っていた姿、長田地区では二週間も経っていたのに火事の臭いが消えていなかったこと、夜になって神戸港の照明が少なかったことなどを思い出す。

この二つの大事件に関しては当然ながら、鼎談のなかで触れられている。

特にサリン事件に関しては、第3回に少年の高い声を残すため去勢するオペラ歌手をカストラートと呼ぶが、その歴史を辿った『カストラートの歴史』を論じるにあたり、まず井上さんは「今カストラートが流行っているということは、近代科学でどこまでも世の中が処理できるという、二百年続いた考え方が破綻をきたしつつあるからでしょう。オウム事件に象徴的に表れているように、宗教と科学は対極にあるものだと思っていた時代から、それらが混在化する時代になったわけです」と発言している。そして井田さんは井上さんの発言を受けて、「モラリズムの転倒が、今、エイズを契機に世界的に起こっているような気がします。エイズはある意味で人間の自然破壊から生じた病気だと思いますが、それに更なる合理的モラルで対抗しても、すべては破れ去る」と、既成の道徳の破綻を指摘している。

つまり二人共、オウム真理教の登場と事件とを、エイズ同様に文明史のなかで捉えようとしている。また井上さんは、第9回で『日本人の中東発見』について語るとき、「僕の直感で言うと、二十一世紀はイスラムとキリスト教のぶつかり合いになってくると思うんです」と発言している。この視点は現在の世界状況を的確に予見しているだろう。つまりお二人は一九九五年のオウム真理教事件を契機に、世界が閉塞しつつある時代になったと考えていたようだ。

しかもそれだけではなく二年の間には当然ながら他にも事件は起きている。第8回目は一九九五年四月に大リーガーとしてデビューし、トルネード投法でアメリカの野球ファンを驚かした野茂英雄の現地の新聞記事を集めた『Ｗｅ♡Ｎｏｍｏ！』を語り合っている。また司馬遼太郎と宇野千代が亡くなり、彼らの遺作を論じあった回もある。後に驚いたのは第9回に私が取り上げた『パリふんじゃった』の著者で建築家の尾嶋彰氏が二年後にパリで誘拐監禁され、銃殺されたことである。この事件は今も謎に包まれている。また第17回で語り合った『納棺夫日記』は、著者の青木新門氏が原作の許可をしなかったが、二〇〇八年に日本映画として初めてアカデミー賞を受けた映画『おくりびと』の原案である。こう振り返ると、僅か二年間なのに取り上げた本は様々な出来事とも結びついている。

そして再読して感じるのは、井田さんと井上さんが読む本の幅の広さである。初めて顔を合わせた第1回目に井田さんは、本を読むために古書店街である東京の神保町の二畳半の部屋に暮らし、周りにある古書店の本をあたかも「自分の本棚だ」と考えて暮らしていると自己紹介をし、それを受けて井上さんは、自分の本「全部で十三万冊」を新たに出来た郷里の図書館に送ったと語っている。この図書館は、話通り、山形県川西町に自分の号を採った『遅筆堂文庫』のことだ。

ここであえていえば、井上さんの遅筆ぶりもこの連載中に私は体験している。一九九六年12月号、第18回の際に井上さんは髭面で現れ、何故、髭を伸ばしているのかを説明してくれた。実際には十月の中頃の鼎談だから、この戯曲は新国立劇場のこけら落としに上演された『紙屋町さくらホテル』である。井上さんは髭面で記者会見すると、如何に苦労したか理解される、と笑いながら語った。しかもいつものことのように話したので、私は大丈夫なのかと心配した覚えがある。それはともかく十三万冊の本を郷里に送ったという話にも驚いた。
私は、井上さんの没後三年目の二〇一三年四月に県立神奈川近代文学館が〈井上ひさし展〉を開催した際、編集委員として手伝った。その際、井上ひさしは自身を小説であれ、戯曲であれ、歴史のなかを生きた人々の望みや近い過去に生きた人々の思いを、読者や観客に伝える《中継走者》でありたいと強く意識していたことを知った。おそらく本書の鼎談書評の際も、井上さんは、書評とは小説であれ詩集であれ、科学書や歴史書であれ、それを読み、解釈し、新たな読者へと伝えるのが役目なのだ、と自覚していたに違いない。そして井田さんも同様の思いであったろうと、私は改めて強く感じている。

本書の出版にあたり当時の担当編集者であった村上和宏さんと吉田尚子さんのお二人にまず感謝したい。そして出版を許可していただいた井上ユリさん、井田さんのご遺族、編集及び出版をしていただいた西田書店の日高徳迪さんと関根則子さん、装丁の他にイラストもよせていただいた桂川潤さんに深く感謝したい。

二〇一八年三月

松山巖

井上ひさし（いのうえ　ひさし）

1934年（昭和9）、山形県生まれ。

上智大学外国語学部フランス語科卒業。

主な著書『道元の冒険』（芸術選奨文部大臣新人賞受賞）『手鎖心中』（直木賞受賞）『しみじみ日本・乃木大将』（『小林一茶』とあわせ紀伊国屋演劇賞個人賞、読売文学賞）『吉里吉里人』（日本SF大賞）。2009年、恩賜賞・日本芸術院賞受賞。

2010年（平成22）4月9日没。

松山巖（まつやま　いわお）
1945年（昭和20）、東京都生まれ。
東京芸術大学美術学部建築科卒業。
主な著書『乱歩と東京』（日本推理作家協会賞）『うわさの遠近法』（サントリー学芸賞）『群衆』（読売文学賞）『闇のなかの石』（伊藤整賞）『建築はほほえむ―目地、継ぎ目、小さき場』

井田真木子（いだ　まきこ）
1956年（昭和31）、神奈川県生まれ。
慶応大学文学部哲学科卒業。
主な著書『プロレス少女伝説』（大宅壮一ノンフィクション賞）『小蓮の恋人』（講談社ノンフィクション賞）『十四歳』『もうひとつの青春　同性愛者たち』『井田真木子著作撰集1・2』
2001年（平成13）3月14日没。

三人よれば楽しい読書

2018年4月9日初版第1刷発行

著　者　井上ひさし／松山巖／井田真木子

発行者　日高徳迪

装　丁　桂川　潤

印　刷　平文社

製　本　高地製本所

発行所　株式会社西田書店

〒101-0051 東京都千代田区神田神保町2－34山本ビル

Tel　03-3261-4509　Fax　03-3262-4643

http://www.nishida-shoten.co.jp

© 2018 Yuri Inoue & Iwao Matsuyama Printed in Japan

ISBN978-4-88866-626-8 C0095

＊乱丁・落丁本はお取替えいたします（送料小社負担）。

西田書店／既刊

〈文明の庫〉双書

建築はほほえむ　目地　継ぎ目　小さき場
松山巖
1300円＋税

ヒロシマをさがそう　原爆を見た建物
山下和也／井手三千男／叶真幹
1400円＋税

陽気な引っ越し　菅原克己の小さな詩集
菅原克己
1300円＋税

戦争と子ども
山崎佳代子／山崎光
1800円＋税

西田書店／既刊

関千枝子／中山士朗
ヒロシマ往復書簡
第Ⅰ集　2012-2013　1500円+税
第Ⅱ集　2013-2014　1600円+税
第Ⅲ集　2014-2016　1600円+税

私の広島地図
中山士朗　1600円+税

村尾文短篇集
第1巻　冬　瓜　1500円+税
第2巻　鎌　鼬　1500円+税
第3巻　黒　黴　1500円+税

西田書店／既刊

本の立ち話
小沢信男
1600円＋税

出版の意気地　櫻井均と櫻井書店の昭和
櫻井毅
1600円＋税

弁護士布施辰治
大石進
2300円＋税

詩文集　哀悼と怒り　桜の国悲しみ
石川逸子／御庄博実
1400円＋税

詩集　わが涙滂々　原発にふるさとを追われて
小島力
1400円＋税